Ramona Wiedemann

Die Hoffnung bleibt

AD(H)S – kein Problem
in Familie, KITA und Schule

Copyright © 2014 Ramona Wiedemann (Eigenverlag, Chemnitz)
Illustrationen: Philine Bury
Satz: mediamoment, A. Berger
Druck: APRESYS® Informations-Systeme GmbH
ISBN: 978-3-00-046848-3

Inhalt

Vorwort

Sie kam, sah und siegte – so lässt sich mit einem Satz zusammenfassen, was während einiger Stunden der schulinternen Fortbildung zur Thematik AD(H)S geschah.

„Das war die geilste Weiterbildung, die wir jemals hatten!" – Worte, die ich von meinen eher fortbildungsmüden Kollegen in der Art noch nicht gehört hatte. Egal, ob jung oder fünfzig plus, bezüglich dieser erlebten Veranstaltung waren sich alle einig – eine Tatsache, die unter kritischen Pädagogen nicht häufig der Fall ist.
Was wir zur Thematik AD(H)S erfuhren und vor allem wie, war für uns außerordentlich hilfreich.

Obwohl das Thema eigentlich staubtrocken scheint, gelang es der erfahrenen, Optimismus versprühenden Referentin die Fakten anschaulich und lebendig darzustellen. Unterlegt wurden diese in erfrischender, spritziger Art und Weise durch zig zum Teil selbst erlebte Beispiele. Die Autorin besitzt als betroffene Mutter und langjährige Pädagogin einen enormen Erfahrungsschatz.

So verwunderte es nicht, dass das Publikum förmlich an den Lippen der Dozentin hing, die wahrhaft eine Expertin auf diesem Gebiet ist.
Die Reaktionen meiner Kollegen gingen von vor Staunen offenen Mündern, über aufsteigende Tränen bis zu heiterem Lachen. Solch Vielfalt an Emotionen konnte ich in einer Fortbildungsveranstaltung noch nicht beobachten.

4

Theorie und Praxis derart zu verknüpfen, erlebte ich als sehr gelungen. Ich war begeistert und würde es begrüßen, derartige Fortbildungen öfter genießen zu dürfen.

Nicht nur für Pädagogen, sondern auch für alle Betroffenen, die mit Hypies zu tun haben, wurden Empfehlungen aufgezeigt, die in der Praxis definitiv erfolgreich umsetzbar sind – vielleicht nicht immer, aber immer öfter.

Auf alle Fälle ist es ermutigend und aufbauend, sich der Thematik AD(H)S zu widmen.

Simone Gerlach
Lehrerin

Brief eines Hypies

Liebe Eltern, Lehrer und Erzieher,

ich bin eigentlich ein sehr netter Mensch und gar nicht dumm, im Gegenteil, sonst wäre ich kein Hypie.
Ich kriege wirklich sehr viel mit, sehe viel, rieche viel, spüre viel, muss es aber sofort sagen. Oft bin ich ganz direkt – bitte nicht böse sein!
Zum Beispiel kriege ich sofort mit, wie du „drauf" bist und das auszutesten reizt mich ungemein.
So kann ich sehr charmant, aber auch echt „ätzend" sein.
Ich kann vieles gleichzeitig, lesen, malen, mit dem Fuß wippen und mit der freien Hand noch Seiten knicken – dabei auch noch zuhören, natürlich nur, was mich interessiert. Werde ich gelangweilt, sorge ich für Abwechslung.
Spannendes bevorzuge ich und kann mich dann auch ganz prima konzentrieren. Das muss aber nicht unbedingt etwas sein, was in euren Augen gut ist.
Ich bin eigentlich wie ihr ein sehr liebevolles, soziales Wesen, aber ich reagiere manchmal eben wie „von der Tarantel gestochen", weil ich halt eigentlich immer überreizt bin.
Wart Ihr schon mal im Kaufhof beim Winterschlussverkauf an einem verkaufsoffenen Sonntag? So geht´s in meinem Gehirn fast immer zu.
Bitte vergesst nicht, dass die anderen mitkriegen, wie ich bin und mich oft „hochnehmen".
Dann gibt es Stunk. Erwischt werde natürlich immer ich.
Oft bin ich sehr tollpatschig. Ich liebe Geschwindigkeit und Schnelligkeit in der „Aufnahme", die „Ausgabe" ist eher schwierig, meine Gedanken schweifen ständig ab.
Ich will ja so sein wie die anderen – WENN ICH ES NUR KÖNNTE!!!

Euer Hypie

„Der ist doch irgendwie anders, chaotisch, witzig oder vielleicht sogar verrückt" – von der Norm ver-rückt.
Solche Worte sind ab und an zu hören und nicht unbedingt negativ gemeint.
Manch einem ist es vielleicht noch nicht bewusst, doch mit großer Wahrscheinlichkeit kann fast jeder von sich behaupten, einen AD(H)S-Betroffenen zu kennen, beziehungsweise einen erlebt zu haben.
AD(H)S-Menschen – was sind das für „Exemplare"?
Ihnen wird oft nachgesagt, sie seien chaotisch, durchgeknallt – auf alle Fälle eben irgendwie „anders". Etwas anders sind sie sicher, aber genau wie alle Nicht-Betroffenen haben sie Stärken und Schwächen. Die Schwächen allerdings fallen im Umfeld oft deutlicher auf, wobei ihre Stärken dennoch nicht zu übersehen sind – guter Willen bei den Beobachtenden vorausgesetzt.

AD(H)S – Aufmerksamkeits-Defizit-Hyperaktivitäts-Syndrom, oder auch als ADS oder HKS bezeichnet, ist ein auffälliges abweichendes Verhalten der gesellschaftlichen Norm gegenüber. Eisbaden und Bungeespringen zum Beispiel weichen ebenfalls von der Norm ab, doch davon fühlt sich niemand direkt gestört, AD(H)S aber stößt in der Gesellschaft, bedingt durch das teilweise störende, nervende, eben andersartige Verhalten, oft auf Unverständnis und Ungnade.
AD(H)S-Menschen gab es schon immer und sie wird es immer geben.
Denken wir an den Kinderarzt Heinrich Hoffmann, denn er war es, der vor über einhundertfünfzig Jahren genau

Begriff

diese Spezies im Struwwelpeter in Bildgeschichten dargestellt hat – ohne die medizinische Abkürzung mit drei oder vier Buchstaben zu kennen.

Er zeichnete den ganz typischen AD(H)S-Menschen als Hyperaktiven in Gestalt des Zappelphilipps, der Vater und Mutter zum Wahnsinn trieb und echt anstrengend war. Außerdem ist in seinem Buch der AD(H)S-Mensch ohne Hyperaktivität zu finden, nämlich Hans-guck-in-die-Luft. Des Weiteren brachte er die Geschichte vom bitterbösen Friederich zu Papier. Leider kann bei AD(H)S-Betroffenen eine Aggressivität zur Symptomatik gehören, wobei allerdings fraglich ist, ob es sich um eine Aggressivität von der herkömmlichen Definition ausgehend handelt, oder sie vielleicht einen anderen Grund hat ...

Erinnern wir uns weiter an Hoffmanns Buch, so sollten wir das zündelnde Paulinchen nicht vergessen. Überall dort, wo etwas mit „action" zu tun hat, ist der AD(H)S-Mensch – sprich Hypie (in positivem Sinne) zu finden und seine Augen leuchten erwartungsfroh. Spannendes, Interessantes wird von Hypies bevorzugt und dabei zeigen sie keinerlei Aufmerksamkeitsschwäche.

„Ist dies nicht ein Widerspruch?" könnten Sie fragen – nein, dieses Erscheinungsbild ist ganz typisch für die Menschen, die in meinem aktuellen Buch beschrieben werden. Außerdem versuche ich, allen Nicht-Betroffenen alltagstaugliche Tipps zum Umgang mit AD(H)S-Menschen zu geben, um sich das Zusammenleben mit ihnen einfacher zu gestalten – ganz leicht wird es jedoch wohl eher kaum.

Aber zunächst schön langsam und der Reihe nach.

Nachdem der Begriff AD(H)S nunmehr geklärt ist, wissen wir, die Auffälligkeiten sind bereits vor vielen Jahren gekannt worden und auch namhafte Persönlichkeiten aus der Geschichte würden nach heutigen diagnostischen Erkenntnissen mit großer Wahrscheinlichkeit diese Diagnose erhalten. Es handelt sich dabei um keine geringeren als zum Beispiel Einstein, Edison, Da Vinci, Franklin, Pestalozzi, Mozart und andere.

Was wäre die Welt ohne diese einzigartigen Persönlichkeiten?

Die Menschheit wäre um einiges ärmer, wobei natürlich die genannten Koryphäen zur damaligen Zeit keinesfalls pflegeleicht erschienen. Mozart zählte oft als nicht gesellschaftsfähig und zog sich häufig zurück, um bei seinen Mitmenschen nicht über Gebühr anzuecken.

Edison nannte eintausend Patente sein eigen und hatte zu manchen Zeiten mehrere gleichzeitig am Laufen. Ich wäre froh, eines zu besitzen, aber das nur am Rande ...

Er wiederum war derart verhaltensauffällig und schwierig, dass er bereits in der dritten Klasse wegen Untragbarkeit der Schule verwiesen wurde. Seine Mutter ließ ihn von Privatlehrern einzeln unterrichten, wobei es sich um ein anderes Setting als herkömmliche Schule handelte. Sein Entwicklungsweg zeigt, dass dies für ihn von Erfolg gekrönt war, was gewisse Schlussfolgerungen für heutige Zeiten zulassen sollte.

Einstein mit seinem extrem hohen Intelligenzquotienten brachte es in Mathematik trotz allem zu nicht mehr als nur Note vier, er war außerdem Linkshänder und von einer Lese-Rechtschreib-Schwäche betroffen.

Berühmte Persönlichkeiten

Waren diese Menschen verrückt, gestört, krank oder ...?! Auch in der gegenwärtigen Zeit haben sich beispielsweise neben namhaften Sportlern ebenso sehr erfolgreiche Entertainer als AD(H)S-ler geoutet, die durch ihre erfrischende Art die Nation begeistern und aus den Medien nicht mehr wegzudenken sind.

Verursachung

Heute hört man oft Äußerungen wie: Erziehungsfehler, falsche Ernährung, die hektische Zeit und andere Dinge führen zu AD(H)S. Menschen, die Derartiges von sich geben, muss ich leider enttäuschen, denn diese Meinung ist hundertprozentig falsch. Sicher stimmt es, dass Erziehungsfehler, Toxine und andere äußere Faktoren die AD(H)S-Symptomatik verstärken können, aber ursächlich sind die genannten Fakten für die in diesem Buch im Mittelpunkt stehende Verhaltensauffälligkeit nicht.

Wissenschaftler sind sich heute einig, dass neurobiologische Faktoren die Ursache für die, die Gemüter bewegende, Andersartigkeit darstellen. Das organisch völlig intakte Hirn der meisten Betroffenen ist lediglich gekennzeichnet durch einen anders ablaufenden Stoffwechsel, allerdings nur in bestimmten, für den Hypie uninteressanten Situationen. Die Tragik dabei ist, dass dies für Außenstehende optisch nicht sichtbar wird und deshalb von einigen keine Akzeptanz erfährt. „Was ich nicht sehe, gibt es nicht ...", so meinen zumindest gewisse Mitmenschen.

Stellen Sie sich in diesem Zusammenhang die Situation eines Einkaufs in einem Supermarkt vor, bei dem Sie eine Mutter mit ihrem mongoloiden Kind, welches vehement nörgelt und lautstark gestikuliert, treffen. Bei den meisten Mitmenschen würde höchstwahrscheinlich Mitleid der Mutter gegenüber aufkeimen, weil man vielleicht an die nervliche Mehrbelastung in dieser Familie denkt. Ob das die Mutter genauso empfindet, sei dahin gestellt. Auf jeden Fall könnte Mitgefühl bei dem Beobachter die Folge sein. Wenn Sie hingegen auf eine Mutter mit ihrem AD(H)S-Kind treffen und dieses vielleicht gerade einen spontanen Tobsuchtsanfall in der Kaufhalle ausagiert und wutschnaubend mit entsprechenden Bemerkungen das Warenregal erklimmt, dann sind häufig ablehnende Bemerkungen der Mutter gegenüber zu vernehmen, von Mitgefühl keine Spur. Die Situation verläuft ähnlich und doch anders, sehr ungerecht, wie ich meine.

Erschwerend kommt bei optisch fehlendem Defizit vereinzelt hinzu, dass AD(H)S-Menschen ein scheinbar widersprüchliches Verhalten in zum Teil extremer Form zeigen.

Einerseits sind sie lieb und nett, kontaktfreudig, humorvoll und gewitzt zu erleben und andererseits widerspenstig, provokant, oppositionell und delinquent. So scheint es wohl logisch zu behaupten: „AD(H)S-Menschen können, wenn sie wollen", doch diese Auffassung ist definitiv falsch. Umgedreht wird ein Schuh daraus – sie wollen öfter, können aber nicht immer – und dies liegt im Hirnstoffwechsel begründet.

Reizübertragung und -weiterleitung laufen in speziellen Situationen geringfügig anders ab. Wie können Sie sich das vorstellen?

In weniger interessanten Situationen sind Botenstoffe, auch Neurotransmitter genannt – im speziellen Falle hauptsächlich Dopamin – im Körper zwar vorhanden, aber nur in ungenügender Menge im so genannten synaptischen Spalt, dem Zwischenraum zwischen zwei Nervenenden, aufzufinden. Für den Ausstoß von Dopamin zeichnet sich ein System im Körper verantwortlich, welches willentlich nicht beeinflussbar ist – das lymbische System, auch Belohnungssystem genannt.

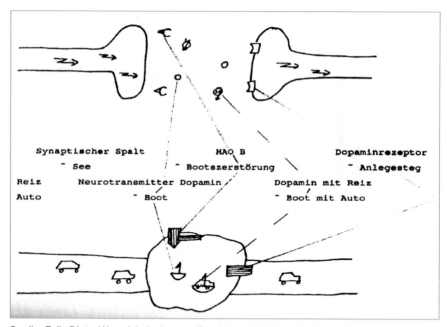

Quelle: Felix Dietz, Wenn ich doch nur aufmerksam sein könnte!

Ist der Hypie motiviert für eine Aufgabe oder Handlung, läuft erwähnte Reizübertragung problemlos ab und die Information kommt vollständig im Gehirn an, worauf dieses entsprechend normativ reagiert. Fehlen Interesse oder Motivation läuft beschriebener Stoffwechsel nur ähnlich ab. Auf Grund des in nur geringerer Menge vorhandenen Dopamins im synaptischen Spalt können nicht alle Erregungen, oft auch als Reize bezeichnet, übertragen werden, die Information kommt lückenhaft im Gehirn an, worauf dieses in typischer AD(H)S-Symptomatik – Aufmerksamkeitsstörung, Impulsivität, Hyperaktivität – reagiert.

Diese Wahrnehmung, wenn nicht alle Informationen im Gehirn ankommen, möchte ich Ihnen mit einer Darstellung aus einem amerikanischen Psychologiejournal verdeutlichen.

Was meinen Sie in der folgenden Abbildung zu sehen?

Auf Seite 175 finden Sie, was Sie, wenn alle Informationen gegeben worden wären, sehen sollten …

Möglicherweise kann sich jetzt manch einer besser in einen AD(H)S-Menschen hineinversetzen. Ohne dieses Hintergrundwissen könnten bei einem Betrachter allerdings Zweifel aufkommen, da rein optisch einem Hypie seine Auffälligkeit nicht anzusehen ist. Im Gegenteil, er scheint oft gewitzt, kontaktfreudig, ist offen, wenn er nicht gerade einen Wutanfall ausagiert. Auf alle Fälle steht ihm AD(H)S nicht auf der Stirn, was Verständnis beziehungsweise Toleranz im Umfeld oft erschwert und Äußerungen zu hören sind wie: „Wenn das meiner wäre ...", „Die Mutter oder die Lehrerin hat ja keine Ahnung mit dem Kind umzugehen ..." und so weiter.

Zurück zur Verursachung: Da es sich bei AD(H)S ursächlich um eine primär genetisch bedingte Hirnstoffwechselstörung handelt, ist diese natürlich behandelbar, allerdings nicht heilbar. Sie haben richtig gelesen, genetisch bedingt, das heißt, sie ist dem Kind in Erbanlagen mitgegeben und der Betroffene hat darauf genau so wenig Einfluss wie auf seine ursprüngliche Haarfarbe. Beim Haar kann später der Friseur nachhelfen ..., vor allem bei den Mitmenschen, bei denen es um durch Ärger und Sorgen bedingtes, birkenblondes Kopfhaar geht. AD(H)S, da ist man sich einig, tritt in Familien gehäuft auf. Es muss aber nicht unbedingt in erster Linie vererbt werden, sondern kann Generationen überspringen. Auch können die Erscheinungsformen der Andersartigkeit sehr unterschiedlich auftreten.

So könnte es sein, dass einer Oma nachgesagt wird, sie sei so langsam und phlegmatisch, dass ihr im Gehen die Schuhe besohlbar seien, ihr Enkelkind aber extrem unruhig und nicht zu bremsen ist. Oder ein Onkel wird als jähzornig und unberechenbar eingeschätzt, wobei seine Nichte ein völlig verträumtes, unauffälliges Wesen zeigt. So breit kann das Band von AD(H)S gespannt sein.

Zusammenfassung zur Verursachung
- Neurobiologische Stoffwechselstörung
- Genetische Komponente
- Chronischer Verlauf

Bei der Behandlung dieser Auffälligkeit gibt es verschiedene Ansätze. Als erfolgreichster hat sich ein langfristig angelegtes Verhaltenstraining erwiesen, wobei die Kinder, deren Eltern und Pädagogen involviert sein sollten. Schwerpunkte bei diesem Ansatz sollten für das AD(H)S-Kind von der Erlangung der Basisfertigkeiten wie das sich Abstoppen können, genaues Hinschauen und Zuhören, über das Problemlöse- und Selbstmanagement, wie zum Beispiel der Umgang mit Wut, Bedürfnisaufschub und planvolles Arbeiten, bis zum Training sozialer Kompetenzen sowie zum Wahrnehmungstraining reichen.

Behandlungs-ansätze

Verhaltens-therapeutische Elemente

Bei einigen Betroffenen wird es sich jedoch nicht vermeiden lassen, medikamentös den Stoffwechsel zu beeinflussen. Diese Entscheidung obliegt einzig und allein dem Mediziner, der das Medikament suksessive optimal auf das Kind einstellen und ihm dessen Wirkung verständlich erklären sollte. Bei den Medikamenten, als „normale" und Retardtabletten erhältlich, handelt es sich

Medikation

nicht um „Leistungspillen", die zu höherer Intelligenz, zu mehr Fleiß und Freundlichkeit führen, sondern nur um ein Hilfsmittel – kein Heilmittel.

Ein Vergleich mit einem anderen Hilfsmittel, zum Beispiel der Brille, sieht folgendermaßen aus:

Mit einer Brille allein ist ein Schulanfänger noch nicht in der Lage zu lesen. Ihm muss erklärt werden, was die einzelnen Buchstaben bedeuten, wie sie ausgesprochen und miteinander verbunden werden. Auf diese Weise lernt er irgendwann das Lesen. Ähnlich lässt sich die medikamentöse Wirkung erklären.

Die Medikamente, zumeist Stimulantien, verschaffen dem Gehirn den klaren Blick durch die „Brille", unter dem den Betroffenen dann verhaltenstherapeutische Maßnahmen angeboten werden sollten.

Ein Kind, beziehungsweise ein Jugendlicher, der auf stimulierendes Methylphenidat medizinisch eingestellt worden war, durfte bis vor einigen Jahren in Deutschland im Erwachsenenalter nach dem achtzehnten Lebensjahr normalerweise die Medikation nicht mehr erhalten, da AD(H)S nur als „Krankheit" im Kindesalter anerkannt worden war. Da sie aber durch einen chronischen Verlauf gekennzeichnet ist, war es irrsinnig die Medikation abzubrechen. Es kam ja auch keiner auf die Idee, mit achtzehn seine Brille zu entsorgen oder bei einer anderen Stoffwechselstörung als Diabetiker auf das Insulin zu verzichten. Dem Einsatz namhafter Mediziner ist es zu verdanken, dass sich dieser für die Betroffenen untragbare Zustand verändert hat und diese nicht nachvollziehbare Praxis glücklicherweise aufgehoben worden ist.

Andere Therapien, wie zum Beispiel Ergo-, Moto- und Reittherapie, um nur einige zu nennen, können parallel zu den oben genannten Ansätzen durchgeführt werden. Ein alleiniger Einsatz dieser ist laut der Leitlinien der Psychiater allerdings wenig sinnvoll und bringen langfristig nicht den Erfolg wie multimodale Verhaltenstrainings, mit beziehungsweise ohne Medikation.

Wenn ich von Stimulantien, also sogenannten Aufputschmitteln gesprochen habe, dann werden sich bei einigen Lesern die Sorgenfalten auf der Stirn zeigen, was ich gut verstehen kann. Was soll bei einem unruhigen, bewegungshungrigen Kind passieren, wenn es noch Aufputschmittel bekommt? Wird es dann nicht noch unruhiger? Nein, im Gegenteil! Stimulantien, bei AD(H)S eingesetzt, bewirken ein scheinbar paradoxes Verhalten bei den Betroffenen.

Wie lässt sich das erklären?

Da die Medikamente den Stoffwechsel stimulieren, das Kind dadurch steuerbarer wird, scheint es nach außen offensichtlich ruhiger. So entstand vielleicht auch die irrtümliche Meinung, dass die Kinder mit den „Pillen" ruhiggestellt würden, dem ist allerdings nicht so.

Simpel gesagt, beeinflussen die stimulierenden Medikamente die Balance zwischen Erregungs- und Hemmungsprozessen so, dass beide wieder im Gleichgewicht sind, abhängig davon, welcher Prozess überwiegt. Folgende Skizze soll dies verdeutlichen.

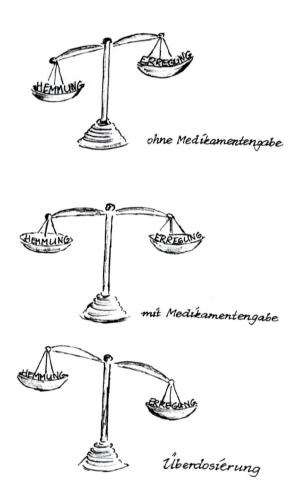

Oft ist auch von Eltern die sorgenvolle Frage zu hören, ob die Medikamente zur Abhängigkeit führen können. Der Wirkstoff Methylphenidat wird mittlerweile seit über sechzig Jahren in Amerika eingesetzt und hat nachweislich kein Suchtpotential. Auch die größten Zweifler diesbezüglich werden noch nie ein Kind, das sein

> **Medikamenten-abhängigkeit?**

Methylphenidat vergessen hat, mit den typischen Entzugserscheinungen, also Zittern, Blässe, Schwitzen und so weiter, gesehen haben. Hinzu kommt, wenn es abhängig machen würde, dann könnten die Kinder ihre Tablette nicht vergessen, sie würden vielmehr der nächsten Gabe entgegen fiebern. Ich glaube, was Tabletten anbelangt, wäre es im Interesse der Betroffenen, wenn zu ihrem Vorteil entschieden würde, unabhängig von irgendwelchen fanatischen oder engstirnigen Auffassungen.

Nach dem Mediziner treffen selbstverständlich die Eltern der Betroffenen die letztliche Entscheidung über die Gabe der Medikamente. Es kann keiner dazu gezwungen werden, denn einen Hund kann man doch auch nicht zum Jagen tragen! Das muss er schon selbst tun.

Medizinische Spezialisten geben diesbezüglich zu bedenken, dass, wenn das entsprechende Medikament indiziert ist, es aber nicht gegeben wird, es sich um unterlassene Hilfeleistung handeln könnte. Bei Diabetes, ebenfalls einer Stoffwechselkrankheit, würde keiner auf die Idee kommen, Insulin – wenn nötig – zu verweigern ...

Eltern erkundigen sich zu Recht auch häufig über mögliche Nebenwirkungen der Medikamente. Vorweg sei bemerkt, dass Methylphenidat eines der am meisten untersuchten Medikamente für das Kindesalter ist. Liest man die Beipackzettel anderer Arzneien, dann würde kein Patient mehr irgendwelche Pillen schlucken. Jeder weiß, dass alle Eventualitäten aus Versicherungsgründen notiert werden müssen. Natürlich haben die bei AD(H)S eingesetzten Medikamente ebenfalls Nebenwirkungen – zwei typische sind: anderer Appetit und verstärkte Un-

ruhe beim Einschlafen, wobei Letzteres nicht ganz un-
umstritten ist. Andere Merkmale, wie zum Beispiel Übel-
keit oder Kopfschmerzen vergehen oft nach einiger Zeit.
Ein Verwehren der Medikamente bei AD(H)S, egal ob
von Eltern oder Medizinern, kann für Betroffene verhee-
rende Folgen haben und zwar allerspätestens in der Pubertät.

Hat der Pubertierende, der Versuchungen nur schlecht
widerstehen kann, seinen ersten Joint geraucht, dann
bemerkt er durch die stimulierende Wirkung ein sehr angenehmes Gefühl in seinem Körper. Was sich angenehm
anfühlt, wird höchstwahrscheinlich wiederholt werden.
So können dem Joint andere Dinge in Form von illegalen
Drogen folgen, die allerdings Suchtpotential aufweisen
und zum Missbrauch oder gar zur Abhängigkeit führen
können. Welche Eltern oder Mediziner möchten dafür
verantwortlich sein?

Um es abschließend noch einmal klar zu stellen, nicht
jedes AD(H)S-Kind ist so stark betroffen, dass es unweigerlich Medikamente nehmen muss, aber einige haben
ohne diese eben nur eine halbe Chance!

Homöopathie?

Oft kommt die Frage nach homöopathischen Mitteln auf.
Was dies anbelangt, so habe ich noch kein einziges von
ungefähr sechshundert Kindern in der therapeutischen
Einrichtung, in der ich arbeitete, erlebt, mein eigenes
eingeschlossen, bei dem homöopathische Mittel AD(H)S
dauerhaft und langfristig beeinflusst haben. Sicher wäre
es wünschenswert, aber ...

Eine Ärztin meinte einmal ketzerisch dazu, Homöopathie bei AD(H)S sei das Gleiche, wie wenn der Bauer auf seinem Feld einen Pups lässt und glaubt, er habe damit gedüngt ...

Darüber sollte sich jeder seine eigenen Gedanken machen dürfen. Letztlich allerdings muss jede Mutter, jeder Vater für sein Kind selbst entscheiden und dies nach bestem Wissen und Gewissen. Dies betrifft natürlich auch den Einsatz anderer alternativer Behandlungsmethoden. Über eine andere Behandlungsform als die gebräuchlichste wäre auch ich sehr erfreut, und es käme einer Revolution gleich ...

Eine Frage dabei könnte allerdings die der Finanzierung sein.

Neben den erwähnten therapeutischen Interventionen kommt eine außerordentlich große Bedeutung der Aufklärung des sozialen Umfeldes über das Erscheinungsbild AD(H)S zu. Das heißt, es erscheint sehr sinnvoll, in entsprechenden Veranstaltungen Eltern sowie die Pädagogen der vom Kind besuchten Einrichtung, ob Kindergarten, Schule, Hort oder Ausbildungsstätte, über diese Besonderheit zu informieren. Man spricht von so genannter Psychoedukation. Dabei sollte immer der kausale Zusammenhang zwischen Symptomatik und dem daraus resultierenden adäquaten Umgang mit dem Kind erwähnt werden.

Psycho-edukation

Nur, wenn der Betroffene lernt, sein Verhalten in gewisser Weise zu ändern und auch wir als Erwachsene bereit sind dazuzulernen, kann eine Intervention erfolgreich verlaufen. Es genügt nicht, seinem Kind nur Medikamente zu verabreichen oder es in einer Therapie „abzugeben", nach dem Motte: „Die werden es schon richten.", vielmehr ist eine aktive Auseinandersetzung mit der Thematik und die Zusammenarbeit aller Beteiligten unumgänglich.

In der Praxis erlebe ich diesbezüglich sehr unterschiedliche Beispiele. Viele Eltern sind sehr bemüht und engagiert, aber einige, zum Teil schlichte Gemüter, kommen kognitiv an ihre Grenzen, was auch immer wieder aus den Bildungseinrichtungen signalisiert wird.

In den gerade erwähnten Fällen kommt es bei Ansprache auf das auffällige Verhalten der Kinder seitens einiger Eltern gelegentlich zu der Feststellung: „Das ist doch normal." Leider liegt die Messlatte für „normal" manchmal ganz schön tief.

In diesen Fällen ist die Bedeutung der Pädagogen für die positive Entwicklung der Kinder noch entscheidender.

Generell spielt die aufrichtige Zusammenarbeit zwischen Elternhaus und Schule eine enorme Rolle. Sowohl viele gut informierte Eltern als auch Pädagogen sind als professionelle Laien zu erleben und damit eine großartige Ressource für viele Hypies.

In zahlreichen der von mir durchgeführten thematischen Weiterbildungen konnte ich mich überzeugen, wie dankbar viele Eltern wie auch Pädagogen über fundiertes Wissen und dessen Anwendung sind, was sich sehr positiv auf die Einstellung den Hypies gegenüber auswirkt.

Zusammenfassung zu Behandlungsansätzen

- Verhaltenstherapeutische Interventionen
  mit dem Kind
- Aufklärung der familiären und außer-
  familiären Bezugspersonen
- Medikation nach ärztlicher Empfehlung

AD(H)S zeichnet sich durch drei Kern- oder Pimär-
symptome wie situationsabhängige Aufmerksamkeitsstörung, Spontanität beziehungsweise Impulsivität und
motorische Unruhe, die eigentliche Hyperaktivität, aus.
Letztgenanntes Symptom muss allerdings nicht unbedingt vorhanden sein, denn wie anfangs erwähnt, kennen wir das Erscheinungsbild ADS, also die hier im Mittelpunkt stehende Andersartigkeit ohne Hyperaktivität.

Symptomatik

Diese Kinder werden oft als Träumerliesen bezeichnet,
da es sich dabei häufig um Mädchen handelt. Sie sitzen in den Klassen ganz oft in den hinteren Reihen, sind
nur körperlich anwesend und atmen. Sie stören kaum je-
manden. Sie sind gedanklich oft abwesend und fliegen
mit dem Vögelchen vor der Fensterscheibe ins Reich der
Träume. Werden sie angesprochen, durchzuckt es sie
und kurze Zeit später driften sie erneut ab. Viele ADS-
Mädchen ohne Hyperaktivität fallen, wenn überhaupt,
erst in höheren Schuljahren auf und zwar dann meist im
Leistungsbereich. Sie sind oft sehr angepasst zu erle-

Träumerliesen

ben, bemühen sich, aber schaffen das Geforderte, trotz normaler Intelligenz, nicht immer.

Man spricht bei ihnen häufig von einem so genannten ablaufenden „Kopfkino", was sich folgendermaßen vorstellen lässt:

Fragt in Mathematik zum Beispiel ein Lehrer: „Was ist ‚mehr' – vierundachtzig minus dreiundzwanzig oder zweiundvierzig plus sechzehn?" Dann kann es sein, dass ein betroffenes Mädchen sich vorstellt: Meer – Sand, Sonne, Wellen und so weiter.

Diese Mädchen wirken nach außen oft träge und typisch für sie sind ein frühes, auffälliges Schminken, gestörtes Zeitgefühl und extremes Schlafverhalten. Auffallend sind, besonders bei selbstwertschwachen Mädchen, auch frühe sexuelle Kontakte.

Als sehr junge Mütter, mit sich selbst nicht im Reinen, lassen sich mögliche Folgen beziehungsweise unter Umständen auch Verzweiflungstaten erahnen.

Die genannten Merkmale treten allerdings nie komplett und bei allen Betroffenen gleich auf, da sich AD(H)S/ADS äußerst individuell zeigt.

Aufmerksamkeitsschwäche

Das Kernsymptom der Aufmerksamkeitsschwäche muss bei AD(H)S vorhanden sein, sonst kann eine entsprechende Diagnose nicht gestellt werden. Wie schon erwähnt, heißt Aufmerksamkeitsdefizit nicht, dass sich diese Kinder nie konzentrieren können – ganz im Gegenteil! Erscheint eine Situation für sie interessant, so können sie sich super konzentrieren, ohne die geringste Spur der Ablenkung. Übertrieben gesagt, könnte es neben dem Hypie lautstark detonieren, er bekäme davon nichts mit.

Den weiblichen Lesern unter Ihnen möchte ich diesbezüglich einen Vergleich aufzeigen.

Diese „Nichtablenkbarkeit" bei Hypies ist ähnlich der Situation des Fernsehens eines Mannes, denn „Mann" sieht fern. Getrost können Sie in derartigen Situationen als Partnerin erwähnen, sich mehrere Paar Schuhe gekauft zu haben, er würde es nicht hören, aber Sie haben Ihr Gewissen bereinigt und haben es gesagt ...

Die Folgen dieser schwankenden Aufmerksamkeit fallen im häuslichen wie im schulischen Bereich auf.

Worin zeigen sie sich?

Den Betroffenen unterlaufen häufig Sorgfalts- und Flüchtigkeitsfehler, da sie unaufmerksam gegenüber Details sind. So werden beim Schreiben die i-Punkte nach dem Zufallsgenerator gesetzt. In Mathematik werden Sie erleben, dass in einem vier-Aufgaben-Kästchen, wobei die ersten zwei Addition und die anderen beiden Subtraktion verlangen, folgendes passiert:

Was rechnet das typische AD(H)S-Kind – natürlich alles mit „Plus", denn das Kästchen begann doch so. Möglicherweise wird das Kind mit Ihnen sogar diskutieren. Sie können Ihre Nerven schonen, wenn Sie sich auf keine Diskussion einlassen, denn Klein-Hypie kann verdammt hartnäckig sein. Wer mit Hypies diskutiert, verliert – beziehungsweise hat schon verloren. Sie können Ihren Hypie, egal ob zu Hause oder in der Schule, nur mit Fakten und Beweisen überzeugen. Alles andere hat wenig Sinn.

Der AD(H)S-ler hat Schwierigkeiten, seine Aufmerksamkeit über längere Zeit aufrecht zu halten. Sie als Lehrer beginnen Ihren Unterricht hoch motiviert, Ihr Hypie ist ganz bei der Sache. Aber schon kurze Zeit später bemerken Sie, wie er sich gedanklich vom Unterricht verabschiedet. Er ist beschäftigt mit all den Dingen um ihn herum. In einer Klasse gibt es aber auch interessante Dinge zu sehen. Einer kann eine neue Frisur aufweisen, ein anderer trägt chice Markenklamotten, zwei Nachbarn schwatzen, der Physiklehrer fährt mit einem neuen Auto auf den Hof und der Hausmeister mäht Rasen, ach so, natürlich – auch Sie reden noch.

All das strömt auf den Hypie in gleicher Intensität ein und er kann auf Grund seines Hirnstoffwechsels das Wichtige von dem Unwichtigen nicht trennen, da es sich bei ihm um eine so genannte Reizfilterschwäche handelt. Nicht-Betroffene können vom Unterricht ablenkende Reize ausblenden, genau diese Fähigkeit besitzt ein Hypie nicht. Manchmal haben Sie auch das Gefühl, dass sich bei Ihrer mündlichen Darstellung eines Stoffgebietes der Hypie derart ablenkt, dass er auf keinen Fall Ihre gestellte Frage sofort beantworten kann, da er überhaupt nicht zuhört – meinen Sie ...

Bedingt durch seine vieldimensionale Wahrnehmung kann es passieren, Sie fragen ihn, und er weiß die Antwort hundertprozentig, obwohl er gerade seinen Hefter, soweit vorhanden, künstlerisch mit Blumengirlanden oder anderen Gebilden beziehungsweise unter gewissen Umständen auch mit deftigen Sprüchen verzierte.

Zur Veranschaulichung einige „künstlerische" Beispiele.

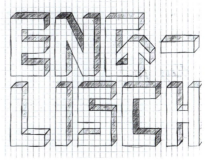

Wie geht denn das?

Das funktioniert, weil es dem Hypie, bedingt durch seine Andersartigkeit, schwerer fällt, in absoluter körperlicher Ruhe aufmerksam zu sein. Anderen Personen gelingt es nur bei totaler Konzentration, auf eine Frage entsprechend richtig zu antworten.

Absolute Konzentration wird AD(H)S-lern auch möglich bei selbst gestellten Aufgaben. Dabei können sie, weit entfernt von jeder Ablenkung, super Ergebnisse vollbringen, wie folgende, bei großer Ausdauer entstandene Zeichnungen zeigen. Im Eifer des Gefechtes hat sich dabei allerdings ein kleiner Fehlerteufel eingeschlichen.

Das ist aber noch nicht alles unter der Rubrik Aufmerksamkeitsschwäche oder -störung. Sie werden erleben, dass Hypies viele Aufgaben beginnen, aber recht wenige zu Ende bringen. Sie sind sehr begeisterungsfähig, doch sobald das Strohfeuer verbrannt ist, erlischt die Flamme der Begeisterung, sie fühlen sich wenig motiviert und die Aufmerksamkeit lässt nach. Nachlassendes Interesse lässt sich auch häufig in Arbeitsgemeinschaften oder Sportgruppen erleben.

Sie zeigen außerdem Schwierigkeiten bei der Organisation und Durchführung von Aufgaben, ganz zu schweigen von ihrer Selbstorganisation. Ordnung, egal ob im Ranzen oder Kinderzimmer, artet oft in Chaos aus. Allerdings finden erstaunlicherweise Hypies fast alles Gesuchte.

Aufgaben, die über einen längeren Zeitraum gegeben werden, stoßen auf Abneigung. So werden beispielsweise Hausaufsätze, wenn überhaupt, oft erst in der letzten Nacht vor ihrer Abgabe geschrieben. Die Katastrophe scheint fast perfekt, doch im letzten Augenblick, die Eltern sind vom ständigen Mahnen schon äußerst frustriert, wird der Aufsatz zu Papier gebracht. Wer glaubt, aus diesem nervigen Drängen und Frust lernt der Hypie, der hat weit gefehlt. Ein AD(H)S-Mensch wiederholt zigmal den gleichen Fehler, ohne für sich daraus lohnende Konsequenzen zu ziehen. Im Gespräch mit ihm verspricht er wohl: „Beim nächsten Mal wird alles anders." Doch das nächste Mal ist wie das erste Mal ...!

Hypies sind auch dadurch gekennzeichnet, dass sie unheimlich viele Dinge verlieren oder vergessen. Zirkel, Ra-

diergummi, Sportschuhe, Pinsel, Mützen – nicht auffind-
bar. Hatte er diese Dinge jemals besessen? Gelegentlich
ist von ihm zu hören: „Eine Mütze – habe ich nie aufge-
habt." Nie und immer – diese extremen Adverbien werden Sie oft hören. Für einen Hypie gibt es nur schwarz
oder weiß, hopp oder topp und nichts dazwischen. Glauben Sie mir, dies ist nicht immer leicht nachzuvollziehen.
Auch wenn in der Kindertagesstätte die Hausschuhe des
Sprösslings immer wieder gesucht werden müssen, er
weiß nicht, wo er sie zuletzt getragen hat, weil es ihm
nicht wichtig genug war. Ähnliches geschieht mit Schür-
ze und und und …

Zu den bereits geschilderten Dingen, die oft vergessen
werden, kann auch der rechtzeitige Gang zur Toilette
gehören. Erst, wenn die Augen quasi schon leicht unter
Wasser stehen, stürzt der Hypie los, gelegentlich bleiben
kleine Malheure nicht aus.

Ich hatte schon erwähnt, dass sich ein Hypie von äuße-
ren Reizen häufig ablenken lässt. Dazu ein schulisches
Beispiel:

Sie haben mit Ihrem Unterricht begonnen, und irgendwann niest ein Schüler. Einige in der Klasse schauen
kurz zu ihm und wenden sich wieder Ihren Worten zu.
Der Hypie schaut dort länger hin und verweilt gedanklich
bei dem Nieser. ‚Wieso hat der Schnupfen, es ist doch
Sommer und angenehm warm, oder war der in Grönland
im Urlaub, oder...' Sollte dem Nieser die Nase sichtbar
zu laufen beginnen und er hat tragischerweise kein Ta-
schentuch zur Hand, könnte es sein, dass Klein-Hypie in
der Unter- oder Mittelstufe in Schul- oder Hosentasche

nach einem brauchbaren Exemplar sucht. Ob benutzt oder unbenutzt spielt dabei keine Rolle, es wird dem „Verschnupften" prompt gebracht. Sie als Lehrer werden ihn wegen seiner Fürsorglichkeit sicher loben, bitten ihn zum Platz zurück zu gehen und fahren thematisch fort. Kurze Zeit später könnte das Geräusch einer herunterfallenden Stiftebox vernommen werden. Wieder würden einige der Klasse kurz hinschauen und gedanklich erneut bei Ihren Ausführungen sein. Nicht aber der Hypie. Er widmet sich voll und ganz dem Reiz der abgestürzten Stiftebox. Was sich für super Stifte darin befinden, schöne bunte und ein Gliederkuli, den man sogar verlängern kann. Es könnte passieren, Ihr Hypie hilft beim Stifte Einsammeln, nimmt den Gliederstift, steckt ein Lineal vom Nachbarn, selbst besitzt er oft keines, in den Aufhänger des Kulis und spielt Flugzeug. Dabei können schon wertvolle Minuten vergehen und der AD(H)S-Schüler ist voll bei der Sache, aber eben nicht auf den Unterricht bezogen. Situationen wie diese können sich wiederholen und der AD(H)S-ler bekommt immer nur Sequenzen aus dem Stoffgebiet mit. Wenn ein Kind mit solch einer Auffassungsgabe sich das Gehörte zur Zensur „Drei" zusammen bastelt, ist es möglicherweise intelligenter als Note „Drei".

Als Lehrer haben Sie auch oft den Eindruck, dass dieses Kind mehr leisten könnte, wenn es aufmerksamer, fleißiger, sorgfältiger wäre. Diese Tatsachen sind deshalb häufig in Hypies' Beurteilungen zu lesen. Bei älteren Schülern steht oft: „Er/sie schöpft das wahre Leistungspotenzial nicht aus."

Einzelne Eltern dieser Kinder erinnern sich ebenfalls an derartige Sätze im eigenen Zeugnis – die genetische Komponente ist nicht zu übersehen.

Zusammenfassung zum Kernsymptom Aufmerksamkeitsschwäche

- Sorgfalts- und Flüchtigkeitsfehler
- Aufmerksamkeit kann längere Zeit nicht aufrecht erhalten werden
- Wenn er angesprochen wird, scheint er häufig nicht zuzuhören
- Häufig Schwierigkeiten, Aufgaben und Aktivitäten zu planen
- Abneigung gegen Aufgaben, die längere Konzentration erfordern und Vermeidung oder Verweigerung dieser
- Häufiges Verlieren von Gegenständen, die eigentlich benötigt würden
- Leichte Ablenkbarkeit durch äußere Reize
- Häufige Vergesslichkeit bei Alltagstätigkeiten

Impulsivität

Ein zweites typisches Kernsymptom bei AD(H)S ist die Impulsivität oder Spontanität, im Folgenden beschrieben: Impulsive Kinder fallen auf, indem sie oft mit der Antwort heraus platzen, bevor die Frage überhaupt zu Ende gestellt worden ist.

Sie reden und handeln häufig, ohne vorher nachzudenken.

Ein Hypie weiß erst, was er gedacht hat, wenn er gehört hat, was er gesagt hat.

Als Erwachsener fühlt man sich davon gelegentlich arg betroffen, wenn einem zum Beispiel spontan eine verbale Attacke an den Kopf geworfen wird. Es kann schon vorkommen, dass Sie als Eltern oder Lehrer ab und zu im Frust Bezeichnungen von gehörnten Tieren größeren Kalibers abfassen. Das tut weh, nur der Hypie meint Sie damit nicht unbedingt persönlich, Sie standen nur zur falschen Zeit am falschen Ort. Hätte eine andere Person in der Situation durch Anwesenheit geglänzt, hätte es diese getroffen. Hätte!

Dies zu verstehen, fällt unheimlich schwer, sollte aber zu einer wichtigen Überlebensstrategie im sozialen Umfeld gehören.

Sie werden als Eltern oder Pädagogen unter Umständen aber auch schon erlebt haben, dass sich ein Hypie nach einer verbalen Entgleisung bei Ihnen entschuldigt. Die Frage ist nur, auf welche Art und Weise dies geschieht.

So kann es im Lehrerberuf vorkommen, dass der „Übeltäter", wenn er Sie in der Pause auf dem Flur trifft, zum Fenster hinausschauend, ein fast unverständliches „Entschuldigung" murmelt. Da in diesem Augenblick gerade keine weitere Person zu sehen ist, galt dieses Wort Ihnen – was natürlich schwer fällt anzunehmen. Andererseits kann eine Entschuldigung in Ihrer nächsten Unterrichtsstunde an Sie herangetragen werden, vor der gesamten Klasse, gestenreich und mit theatralisch formulierten Worten.

Diese Form des sich Entschuldigens wird ebenfalls schwer zu akzeptieren sein, weil Sie sich vielleicht sogar provoziert fühlen.

Wie eine erfolgreiche Intervention aussehen könnte, wird unter dem Abschnitt „Umgangsempfehlungen" zu lesen sein.

Hypies fallen ebenfalls durch ihr übermäßiges Reden, dem sogenannten Sprechdurchfall, oder die orale Inkontinenz auf. Sie haben das Gefühl, dem Betroffenen morgens zehn Cent eingeworfen zu haben, die abends noch nicht verbraucht sind. AD(H)S-Menschen besitzen täglich eine Fülle von Kommunikationsträgern, wie sie mancher Mann während einer ganzen Woche nicht verbraucht.

Betroffene begleiten viele Handlungen durch unüberhörbare Geräusche, das heißt, sie reden zum Teil ohne etwas zu sagen. Das Umfeld kann darauf sehr genervt reagieren.

Das Hirn von einem AD(H)S-Menschen ist so „gestrickt", dass es jedem aktuellen Handlungsimpuls folgt, ob mit Geräuschen oder Handlungen, das sei dahin gestellt. Die Schilderung der Unterrichtssituation mit dem Nieser und den herunter gefallenen Stiften wäre an dieser Stelle ebenfalls passend.

Ein weiteres Beispiel zur Verdeutlichung der Impulsivität anhand der Erledigung von Hausaufgaben. Eine Situation, von der leidgeprüfte Eltern ein Lied singen können. Dies übersteigt zum Teil jede Vorstellungskraft bei Menschen, die derartiges nie erleben durften …

Das Kind kommt nach Hause und auf die Frage der Mutter nach den Hausaufgaben ist ein deutliches „Nein!" zu hören. Nach kurzer Verschnaufpause bittet die Mutter um das Hausaufgabenheft des Kindes. Was sie erblickt, überrascht sie nicht, denn sie findet in dem jungfräulich ausschauenden Heft keinerlei Eintragungen des Kindes, weder Hausaufgaben noch bevorstehende Arbeiten – nichts. Außer eventuell, hoffentlich nur in Ausnahmefällen, natürlich rot geschrieben, solche richtungsweisenden, pädagogisch sehr wertvollen Sätze wie: „Kind dreht sich zum Hintermann um." oder „Kind spielt mit dem Radiergummi." Was sollen die Eltern mit diesen sicherlich gut gemeinten Hinweisen anfangen? Es liegt mir fern, irgendjemanden anzugreifen, denn ich denke und habe bereits darauf hingewiesen, Zusammenarbeit von Lehrern und Eltern ist unverzichtbar, aber ich bin der festen Überzeugung, dass es erfolgversprechendere Methoden gibt als die beschriebene. Wird zum Beispiel das Verhalten eines Problemschülers am Ende der Woche in Worten zusammengefasst oder werden besonders extreme Auffälligkeiten in das Hausaufgabenheft geschrieben, bringt es Eltern unter Umständen mehr.

Heute war es „super"! Ich wurde sogar als „alte Sau" bezeichnet und solle die „Diätscheiße" lassen. Es lag keinerlei Grund vor, zumindest kenne ich keinen. 6.11.

Auch über Telefonate ist es häufig günstig ins Gespräch zu kommen, aber auf keinen Fall wegen jeder Kleinigkeit. Doch nun wieder zurück zur Hausaufgabensituation mit dem Hypie.

Nachdem eine Mutter im Hausaufgabenheft nichts Vorwärtsbringendes bezüglich der von der Schule gestellten Aufgaben gefunden hat, fordert sie das Kind auf, die Hefte und Bücher auszupacken. Was sie jetzt erlebt, ist kaum vorstellbar. Das Kind schaut die Bücher an, die Bücher schauen das Kind an, aber es erfolgt keine Erinnerung auf den behandelten Stoff, weil es dem Hypie große Schwierigkeiten bereitet, seinen Arbeitsspeicher abzurufen. Hilflos schaut das Kind seine Mutter an, die wiederum zum Telefonhörer greift, um über Klassenkameraden die entsprechende Aufgabenstellung zu erfahren, was nicht unbedingt einen Stimmungszuwachs bei ihr zur Folge hat.

Nun sind die Aufgaben klar, beide am Tisch sind noch recht motiviert. Es kann beginnen. Doch Klein-Hypie sucht noch einen einsatzbereiten Stift. Auch muss die Jalousie noch in der Lage verändert werden oder die Haustiere verlangen nach Ansicht des Kindes gerade eine Streicheleinheit oder, oder, oder.

Jetzt, nach erneut einigen Minuten startet das Kind. Es beginnt zu schreiben, natürlich spontan, und siehe da, eine der ersten Zahlen beziehungsweise ein erster Buchstabe ist falsch getroffen. Durchstreichen oder Reinschmieren sind die unumgängliche Folge. Mutter kann sich ein „Konzentriere Dich bitte!" nicht verkneifen. Die Stimmung steigt auf beiden Seiten. Doch endlich ist

es nun soweit, das Kind scheint bei der Sache zu sein –
vielleicht zehn oder fünfzehn Minuten, wenn überhaupt.
Dann bekommt sein Gehirn einen Impuls, der lauten
kann: trinken oder pinkeln.

Folgender Dialog kann sich abspielen: „Ich habe Durst."
Mutter darauf: „Ich auch, aber wir bringen die Hausaufgaben erst einmal zu Ende." Kind: „Aber ich habe jetzt
Durst!" Mutter: „Ja, ich weiß, aber die Aufgabe dauert
nur noch fünf Minuten, dann können wir beide etwas
trinken." Hypie: „Ich darf ja nie etwas trinken." Sätze mit
den bekannten Extremadverbien folgen. Was macht die
Mutter jetzt?

Entweder es entwickelt sich ein regelrechter Macht-
kampf, oder Mutter lenkt ein und meint: „Okay, geh in die
Küche, trinke und komm zurück." Eigentlich klare Worte,
aber auf dem Weg zur Küche sieht das Kind eine CD,
eine Zeitung oder irgendetwas anderes Interessantes.
Da das AD(H)S-Hirn jedem aktuellen Handlungsimpuls
folgt, ist das eigentliche Trinken vergessen, die Hausaufgaben sind längst durch den Wind. Es kann sogar sein,
das Kind widmet sich dem gerade Gesehenen, nimmt
es, verschwindet damit im Kinderzimmer und fängt an zu
spielen. Mutter läuft mit den Worten: „Wir wollten doch
die Hausaufgaben zu Ende bringen." hinterher. „Ach ja",
das Kind kommt im zweiten Anlauf an den Tisch, das
„Spiel" beginnt von vorn und kann sich in ähnlicher Weise wiederholen.

Sicher wird die Situation nicht immer und überall wie geschildert ablaufen, aber zahlreiche Eltern werden wissen,
wovon die Rede ist.

Fakt ist, durch die etwas andere Art der Hirnreaktion kann es sein, dass eine vielleicht dreißig minütige Hausaufgabe durch mehrfache Unterbrechungen ein bis zwei Stunden dauern kann, mit dem Ergebnis: Hausaufgabe unvollständig, katastrophale Schrift, zerknüllte, eingerissene Blätter, Tränen auf einer oder beiden Seiten der Akteure.

Hausaufgaben mit Hypies gleichen gelegentlich wirklich einem Nahkampf, der echt ätzend sein kann.

Einige sehr unterschiedliche Ergebnisse zum Verdeutlichen:

> 24. Oktober
> Wir trennen
> die Kar - te, die Mar - ke,
> der Stem-pel, das Pa ket,
> das Te - le - gramm. der Ab - sen- der.
> der ~~Brief~~ Brief - trä - ger)   /sa
> ~~Mam~~ Moni und Steffen
> ~~Spielen~~ Mit spielen A. mit
> der Kinderpost. | /
> 26. ~~Okt~~ Oktober Wir üben
> Briefträger.
> * ~~Telegramm~~ Telegramm.
> Absender. Postkarte. Marke.
> Kasten.

* Der Würfel
hat 6 Flächen,
hat 8 Ecken und
12 Kanten.

Die Flächen sind
Quadrate.

Der Würfel
hat 6 Flächen,
hat 8 Ecken ~~und~~ und 12
Kanten. Die Flächen sind
Quadrate.

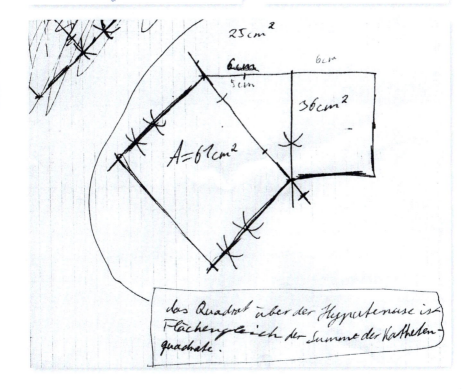

25 cm²

6 cm
5 cm

6 cm

36 cm²

A = 61 cm²

das Quadrat über der Hypotenuse ist
Flächengleich der Summe der Katheten-
quadrate.

AD(H)S-lern fällt es auch unheimlich schwer, eigene Bedürfnisse aufzuschieben. Demzufolge fallen sie anderen
oft ins Wort, reden im Unterricht ungefragt dazwischen
und unterbrechen auch die Gespräche von Erwachsenen, unabhängig vom Alter des Kindes.

Sicher durften Sie als Eltern beim Abendbrot oder als
Pädagogen im Pausengespräch mit Ihren Kollegen
schon erleben, dass ein Hypie Ihr Gespräch einfach unterbrechen wollte. Nachdem Sie ziemlich deutlich sagen,
dass Klein-Hypie jetzt Sendepause hat, wenn Erwachsene sprechen, kann der Glücksumstand eintreten, dass
das Kind in Schweigen verfällt. Auf Ihre nach nur zwei
Minuten gestellte Frage allerdings, was es denn von
Ihnen wollte, werden Sie von ihm mit hoch gezogenen
Schultern vernehmen: „Ich weiß es nicht." – und es weiß
es wirklich nicht, auf Grund seines anders funktionierenden Kurzzeitgedächtnisses, wie bereits geschildert.

Ähnliches ist zu erleben, wenn Sie als Eltern gerade telefonieren und der Hypie das Zimmer betritt, in dem Sie
sich aufhalten. Sie werden von ihm wegen Nichtigkeiten
unterbrochen, bringen ihn vielleicht nach deutlichem
Wortwechsel zur Ruhe, aber später erinnert er sich nicht
mehr an das, was er von Ihnen wollte.

Ein Zurückstecken eigener Bedürfnisse ist für Hypies
recht schwierig, wenn aber Sie etwas von ihnen wollen,
können die Betroffenen im Vertrösten sehr ausdauernd
sein: „Ich erledige es später." ist oft zu hören.

‚Später' ist allerdings oft gleichzusetzen mit ‚nie', wenn
Sie nicht erinnern und hartnäckig bleiben.

Zur Impulsivität eines Hypies gehören auch unvorhersehbare Stimmungsschwankungen. Für Sie aus heiterem Himmel erscheint das Kind urplötzlich stinksauer, obwohl es eben noch in Hochform auftrat. Bekommt sein Gehirn in Hochstimmung von innen oder außen einen für das Kind negativen Impuls, reagiert es schlagartig, wie mit einem Schalter umgelegt, von himmelhoch jauchzend nach zu Tode betrübt. Es können bei minimalstem Anlass Wut- oder Tobsuchtsanfälle vom Feinsten folgen. Diese werden ausagiert, egal ob im Unterricht, in der Kaufhalle, bei Familienfeiern oder zu Hause. Nicht selten kommt dabei bei den Mitbeteiligten große „Freude" auf und die Grundlage für langsam ergrauende Haare ist gegeben.

Beim Ausagieren eines Wutanfalls kann es auch passieren, dass vom Kind selbst gebastelte Dinge, die mit Stolz fertiggestellt wurden, zerstört werden, was natürlich zu noch mehr Frust und Enttäuschung führt. Dazu zwei Beispiele aus unserem persönlichen Erleben:

Ganz zu schweigen von Türknallen, Boxhieben gegen Wände oder diverse Einrichtungsgegenstände. Anlass für Wutanfälle können in der Regel Über- oder Unterforderungen, Kritik und gefühlte ungerechte Behandlung sein – von Außenstehenden oft nicht nachvollziehbar.

Als mögliche Folgen dieses gerade beschriebenen Kernsymptoms der Impulsivität können Lernstörungen und soziale Integrationsstörungen auftreten. Mitschüler fühlen sich mit der Zeit wohl genervt, wenn der Hypie dauernd ins Geschehen platzt oder, aus dem Zusammenhang völlig herausgelöst, plötzlich etwas von sich gibt, was für die anderen in keiner Weise nachvollziehbar ist.

Hierfür wieder ein Beispiel:

Im Unterricht beschäftigen Sie sich thematisch gerade mit Haustieren. Die Kinder sind ganz bei der Sache. Plötzlich springt der Hypie von seinem Stuhl auf, stürzt ans Fenster und ruft: „Am Wochenende war bei uns im Nachbarhaus der Krankenwagen." Erstaunte Gesichter, entsprechend verständnislose Bemerkungen der Mitschüler dem spontanen Ausbruch des Hypies gegenüber. Was war geschehen?

Der Hypie vernahm ein von der Schule weit entferntes Auto mit Signalhorn. Das Signal als aktueller Handlungsimpuls bewirkte seine spontane Reaktion. Der Hypie kann gar nicht verstehen, dass seine Klassenkameraden ungehalten reagieren. Sie aber konnten das Geräusch des Krankenwagens ausblenden, der AD(H)S-ler eben nicht.

So kann es immer wieder zu Missverständnissen oder zu Unverständnis kommen, bedingt durch die unterschiedlichen Wahrnehmungen Betroffener beziehungsweise Nicht-Betroffener.

Auch in der Kindertagesstätte oder im Hort können unschöne Situationen ablaufen. Eine Kindergruppe baut zum Beispiel mit didaktisch wertvollen Holzbausteinen eine große Burg. Klein-Hypie war bei dem Bau eifrig dabei. Das Kunstwerk ist vollbracht, alle Beteiligten sind mehr als zufrieden und glücklich. Stolz breitet sich aus. Irgendwann später schreitet der Hypie an dieser Burg vorbei, entdeckt einen auffällig gemusterten Baustein ... und die Katastrophe deutet sich an. Bevor er sich der Folgen seines Handelns bewusst wird, reagiert er impulsiv, stößt den besonderen Stein an und der Rest ergibt sich von selbst!

Das Resultat ist, der ein oder andere Hypie wird von seinen Spielkameraden nicht so recht gemocht, gemieden oder sogar zum Außenseiter deklariert. Eine traurige Tatsache für viele Betroffene.

Zusammenfassung zum Kernsymptom Impulsivität

- Häufiges Herausplatzen mit der Antwort
- Abwarten ist nur schwer möglich
- Häufiges Unterbrechen anderer
- Übermäßiges Reden
- Schwierigkeiten, eigene Bedürfnisse aufzuschieben
- Unvorhersehbare Stimmungsschwankungen
- Hirn folgt aktuellem Handlungsimpuls

Hyperaktivität

Zur AD(H)S kann noch ein drittes Kernsymptom hinzukommen, nämlich eine motorische Unruhe, die eigentliche Hyperaktivität. Wenn ich schreibe ‚kann', dann wissen Sie bereits, dass es auch ADS ohne Hyperaktivität
gibt, sogenannte Tagträumer oder, wie schon aufgeführt,
als Träumerliesen bezeichnet.

Ich wende mich nun im Folgenden dieser, auch für das
Umfeld oft sehr anstrengenden motorischen Unruhe zu.
Die Kinder fallen auf durch ihr unruhiges Hin- und Her-
rutschen auf ihren Stühlen oder sie zappeln oft mit Händen und Füßen und haben meist Dinge in der Hand, die
drangsaliert werden, wie Radiergummis, die zerkrümelt
werden, Büroklammern, die ihre herkömmliche Form
verlieren. Stifte werden angeknabbert und auch Finger-
nägel lassen sich gut abkauen. Bei den Mahlzeiten fällt
häufig etwas vom Tisch oder kippt zumindest um. Diese
Kinder charakterisiert gelegentlich eine gewisse Tollpatschigkeit, die zum Teil belächelt oder gar belästert wird.
Jüngere Kinder verlassen des Öfteren ihren Platz, gerade dann, wenn Sitzenbleiben erwartet wird. Durch
ihre Unruhe getrieben, laufen sie umher oder klettern
an möglichen und unmöglichen Hindernissen, oft auch
exzessiv, aber vor allem, wenn es recht unpassend erscheint. Eltern werden erleben, dass die Kleinen fast
artistisch die Regale der Kaufhalle erobern oder während eines Besuches bei Bekannten vom Sessel auf die
Couch springen. Oder ältere Kinder erklimmen im Bus
die Haltestangen hängenderweise, sehr zur „Freude" der
anderen Fahrgäste.

Auffallend ist auch die permanente Geräuschkulisse, deren Verursacher Hypies häufig sind. Ausschlaggebend
ist nicht immer, WAS sie machen, sondern WIE sie es
tun ist entscheidend. Ob beim Spielen oder bei anderen
Aktivitäten, ihnen gelingt es nur selten, sich dabei ruhig
zu verhalten. Widersprüchlich dazu wird auffallen, dass
AD(H)S-ler sehr empfindlich und sensibel auf Lärm von
anderen reagieren.

Außenstehende formulieren oft, dass die betreffenden
Kinder scheinen wie „auf Achse" beziehungsweise wie
getrieben zu sein. Erschwerend kommt hinzu, dass diese
motorische Unruhe kaum durch die soziale Umgebung
oder durch gezielte Aufforderungen durchgreifend beeinflussbar ist.

Bei kleinen Kindern werden Eltern bemerken, dass diese Schwierigkeiten beim Ausmalen haben, weil sie sich
eben nicht abstoppen können, wodurch sie derartig
überschießende Reaktionen zeigen, wie über Begren-
zungslinien hinaus zu malen.

Viele AD(H)S-Schulkinder weisen ein typisch krakeliges
Schriftbild auf und dies bei verkrampfter Stifthaltung. Sie
haben zum Teil auch Schwierigkeiten, die Zeilen im Heft
zu halten, ganz zu schweigen von einem Rand.

Insgesamt fällt Hypies oft die Auge-Hand-Koordination, auch Visoumotorik genannt, schwer, was bei genanntem feinmotorischem Handeln häufig sichtbar wird.

Was die Schrift anbelangt, kommt es vor, dass weder das Kind, noch Eltern und Lehrer das Geschriebene überhaupt entziffern können. Außerdem sind durch die schon erwähnte schwankende Aufmerksamkeit immer wieder Flüchtigkeitsfehler zu finden, was ein spontanes Durchstreichen oder in ein Wort Reinschreiben zur Folge hat, manchmal desaströs.

8. Mai

länger als im Winter, der längste
Tag, wieder kürzer, nicht mehr so
lange es ~ so wie im Juni, viel
schöner als vorher, an den kurzen
Tagen
alt, ~ älter, am ältesten
kalt, ~ kälter, ~ am kältesten
hart, ~ härter, am härtesten
groß, größer, am größesten
stark, ~ stärker, am/stär
stark, stärker, am stärksten stärksten
lang, länger, am längsten
verkaufen - der Verkäufer
backen - der backen- der Bäcker
tanzen - der Tänzer Tänzer
jagen jagen - der jäger Jäger

der Garten - der Gärtner der Garten - der Gärtner
das Schaf - das das Schaf - der Schäfer
die Verkäuferin - die Verkäuferinnen
die Jägerin Jägerin - die Jägerin Jägerinnen

15. Mai

Beere Beere ↗ S.72, die Beeren
Kaffee S.103
das Paar S.122, das Paar Schuhe, zwei Paare
paar S.122, ein paar Tage lang
Tee S.197, der Tee, die Tees
Zoo S.160, der Zoo, die Zoos
Paar, Haar, See, leer, Tee, Schnee,
Beet, Boot, Meer, Moor
ein Paar Schuhe, ein paar Tage,
ein B Paar Strümpfe, ein Paar
Handschuhe Handschuhe, ein paar Stunden,
ein paar Beeren, ein Paar Schlittschuhe

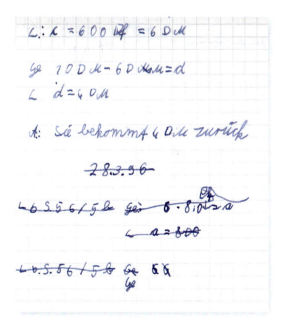

$L: L = 600 \, DM = 6 \, DM$

$ge \quad 10 \, DM - 6 \, DM = d$

$L \quad d = 4 \, DM$

$A:$ Sie bekommt 4 DM zurück

28.3.96

$L \ 6 \, S \, 56 / 5 \, b \quad ge: \quad 8 \cdot 8 \cdot 10 \cdot 2 = a$

$L \quad a = 800$

$L \ b. \, S. 56 / 5 \, b \quad ge \quad 6 \, b$
ge

Ein Kind mit oben aufgeführtem Schriftbild oder Heftfüh-
rung kann aber andererseits, wenn es gut drauf ist, Aufzeichnungen anfertigen wie nachfolgend gezeigt.

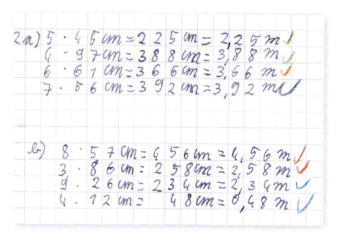

Abhängig von der Tagesform können relativ ähnliche Aufgaben krasse Unterschiede in der Ausführung aufweisen.

Ein Widerspruch werden Sie sagen?

Nein, sondern ganz typisch bei AD(H)S-Kindern, da all ihr Tun und Handeln vom Hirnstoffwechsel abhängt und dieser wiederum abhängig von Motivation beziehungsweise Interesse „normal" abläuft oder eben nicht.

Wenn Eltern oder Pädagogen ein Kind mit Hyperaktivität erleben, dann kann es sein – und dies ist ziemlich sicher – dass dieses Kind als Jugendlicher nach außen sichtbar motorisch weniger unruhig erscheint, wobei seine innere Unruhe jedoch bleibt.

Gezeigt wird das im Kuli klicken, Fuß wippen oder im Verzieren der Hefter, wie bereits erwähnt. Beschriebene Erscheinungsform wird als Ausgleichsmotorik bezeichnet, welche die Betroffenen selbst oft erst, nachdem sie darauf angesprochen werden, bemerken.

Zusammenfassung zum Kernsymptom Hyperaktivität

- Häufiges Zappeln mit Händen und Füßen oder Herumrutschen auf dem Stuhl
- Verlassen des Platzes, wenn Sitzenbleiben erwartet wird
- Schwierigkeiten, ruhig zu spielen oder sich bei Freizeitaktivitäten ruhig zu verhalten
- Häufiges Herumlaufen oder Klettern, wenn es unpassend ist
- Unruhe, die durch Aufforderungen nicht dauerhaft beeinflussbar ist
- Häufig wie „auf Achse" oder gefühlte innere Unruhe

Nach dem über die Symptomatik Gelesenen könnte fälschlicherweise der Eindruck entstehen, dass in unseren üblichen Schulklassen vielleicht mehr als achtzig Prozent Hypies sitzen. Dem ist natürlich auf keinen Fall so, da Unkonzentriertheit, Impulsivität und motorische Unruhe ganz normale Merkmale des Lebens sind. Wir tragen sie alle in uns und zu gegebener Zeit zeigen wir sie auch, sind aber dennoch nicht alle von AD(H)S betroffen.

An der Stelle möchte ich Ihnen einen Farbvergleich anbieten. Stellen Sie sich vor, Betroffene mit den typischen Kernsymptomen würden mit Schwarz gekennzeichnet und eindeutig Nicht-Betroffene erhielten eine weiße Farbe. Dann lägen zwischen diesen beiden Farbpolen viele Grautöne. In diese Rubriken wären demzufolge alle Personen einzustufen, die mal mehr, mal weniger durch Unaufmerksamkeit, Spontanität und Hyperaktivität auffallen.

Zusammenfassung der Kernsymptome
- Aufmerksamkeitsschwäche (situationsabhängig)
- Impulsivität
- Hyperaktivität (muss nicht vorhanden sein)

Der geübte Diagnostiker kann bei Betroffenen im Kindesalter eindeutig feststellen, ob er ein nur unkonzentriertes Kind vor sich sitzen hat oder eben eines mit den drei oder vier die Diagnose beschreibenden Buchstaben.

Diagnostik

Diagnostizieren dürfen Fachleute wie Psychiater, Neurologen, Kinderärzte, Kinder- und Jugendliche- Psychotherapeuten und Psychologen. Die Frage ist nur, welche Sichtweise die einzelnen Vertreter haben und über welchen Erfahrungsschatz sie verfügen.

Aus heutiger Sicht kann ich sagen, dass die Situation vor zirka fünfzehn Jahren diesbezüglich katastrophal war und ich zahlreiche Eltern kenne, uns eingeschlossen, die ein Labyrinth vermeintlicher Profis durchlaufen haben, zum Teil mit Aussagen wie: „Sie haben Ihr Kind mit zu wenig oder zu viel Liebe erzogen.", „Es liegt eine gestörte Mutter-Kind Beziehung vor." und ähnliche haarsträubende Äußerungen. Natürlich kann dies in Einzelfällen zutreffen beziehungsweise zur AD(H)S noch hinzukommen. Generell ist AD(H)S jedoch dem Kind bei der Geburt mitgegeben, unabhängig von Erziehung, wie anfangs bereits erwähnt.

Was Diagnosen in der heutigen Zeit anbelangt, ist ein Wandel im Vergleich zu vor vielen Jahren zu beobachten. Mittlerweile sind wirklich häufig medizinische und psychologische Profis zu erleben, die in zeitaufwendiger Form die Kinder „unter die Lupe nehmen". Gute Erfahrungen haben Eltern gemacht, wenn der Diagnostiker bei dem zu begutachtenden Kind nach einer intensiven medizinischen Untersuchung einschließlich EEG zweimal einen Intelligenztest durchführt. Er lässt in mindestens zwei Bereichen, zum Beispiel von Eltern und Pädagogen, Beobachtungen in Form von standardisierten Fragebögen ausfüllen und führt außerdem ein sehr ausführliches Anamnesegespräch mit den Eltern durch. Zusätzlich sollten bei Bedarf verschiedene Tests, bezogen auf Konzentration, Wahrnehmung und andere Bereiche, zur Anwendung kommen, wobei die erst genannten Daten zum Standard gehören sollten, so die Experten auf diesem Gebiet. Erst all diese Informationen ergeben ein abgerundetes Bild.

Leider berichten Eltern zum Teil auch von anderen, ich möchte fast behaupten, fragwürdigen Vorgehensweisen. Wenn eine Mutter zum Beispiel mit ihrem zwölfjährigen Kind zum Arzt geht, ihm schildert, dass das Kind in letzter Zeit sehr unkonzentriert zu erleben war und es auch zu Hause gewisse nervenaufreibende Probleme gäbe, worauf der Mediziner im Schnellschuss eine AD(H)S-

Diagnose stellt und im Extremfall auch noch spontan medikamentös behandelt, dann sind, glaube ich, vereinzelt Zweifel berechtigt. Umso mehr, weil in den diagnostischen Klassifikationen, ICD-10 und DSM-V genannt, eindeutig vermerkt ist, dass die Symptome vor dem siebten Lebensjahr aufgetreten sein sollten und die Dauer der Auffälligkeiten mindestens ein halbes Jahr betragen sollte.

Ebenfalls extrem sind allerdings Erfahrungen von Eltern, die mit dem Kind einen Mediziner oder Psychologen aufsuchen, und ihm haarklein typische, während eines langen Zeitraums erlebte Einzelheiten von ihrem Spross beschreiben. Wenn außerdem die betreuende Kindereinrichtung ebenfalls spezifische Auffälligkeiten bestätigt und der Fachmann trotz markanter Testauswertung zu folgenden Ergebnissen gelangt:

Die Ursache des auffälligen Verhaltens liege darin, dass die Eltern geschieden seien, die Mutter-Kind-Beziehung sei gestört, das Kind habe ein Trauma erlebt und so weiter.

Sicher kann all das Genannte zutreffen – nur, wenn bei freier Arztwahl die gleiche Mutter ein zweites Gutachten von einem anderen Experten erstellen lässt und dieser auf Grund der Tatsachen eindeutig AD(H)S diagnostiziert, dann deutet die zuerst getroffene Diagnose wohl auf eine mögliche Fehlentscheidung hin. Fakt ist, dass eine nicht gestellte Diagnose für Betroffene schicksalhaft sein kann, da ihnen – bezogen auf ihr Verhalten – ein Leben lang unterstellt wird, nur nicht zu wollen, sich nicht zu bemühen und so weiter. Schnell geraten diese

Menschen in eine Abwärtsspirale, die nicht immer auf-
zuhalten ist.

Die Eltern fallen bei den genannten Beispielen oft dem
Vorurteil zum Opfer, in der Erziehung versagt zu haben.
Wenn es allerdings diese Eltern vielleicht zu mehreren
Kindern gebracht haben und die anderen, dem Mediziner nicht vorgestellten, sich völlig normgesteuert verhalten, dann kann es eher weniger an der Erziehungskunst
von Mutter und Vater mangeln.

Zusammenfassung zur Diagnostik

- Ausführliche Anamnese
- Standardisierte Fragebögen in mindestens
  zwei Bereichen
- Intelligenztest
- Konzentrationstest
- Wahrnehmungstests
- Möglicherweise ergänzende Tests
- Medizinische Untersuchungen

Subtypen

Bei dem Verhältnis bezüglich Jungen zu Mädchen gehen
Wissenschaftler von einer drei zu eins- Verteilung aus.
Gehen wir gedanklich noch einmal zurück zu den Kernsymptomen, so lassen sich auf Grund dieser drei unterschiedliche Subtypen von AD(H)S bilden. Sie werden
bezeichnet als erstens – vorwiegend aufmerksamkeitsgestört (ADS ohne Hyperaktivität), zweitens – als vor-

wiegend motorisch unruhig, impulsiv und drittens – als so genannte Mischtypen, die alle Kernsymptome in unterschiedlicher Qualität und Quantität in sich tragen.

Zusammenfassung zu Subtypen
- Vorwiegend aufmerksamkeitsgestört
- Vorwiegend motorisch unruhig, impulsiv
- Mischtypus

Prozentual geht man davon aus, dass in einem Jahrgang zirka drei bis zehn Prozent von AD(H)S betroffen sind. Eine Ursache für die große Differenz sind die unterschiedlichen Diagnosekriterien der internationalen Leitlinien in dem europäischen Klassifikationssystem ICD-10 und dem amerikanischen DSM-V.

Prävalenz

Für viele Betroffene und deren soziales Umfeld kann sich bereits durch Vorliegen beschriebener Kernsymptome ein Leidensweg entwickeln, der sich tragischerweise auf Grund so genannter Folgeerscheinungen, den Sekundärsymptomen oder auch Komorbiditäten genannt, noch verschärfen kann.

Sekundärsymptome müssen nicht zwingend in jedem Falle auftreten, sind aber dennoch häufig zu beobachten. Treten diese bereits im frühen Kindesalter auf, werden sie mit zunehmendem Alter der Betroffenen deutlicher sichtbar und spätestens in der Pubertät entsteht der Eindruck, dass sich die Gesamtsymptomatik in die zuletzt

Sekundär-symptome

genannte Richtung verschiebt. Das heißt, im Kindesalter überwiegen bei den meisten Hypies die Kernsymptome, wobei sich im Jugendalter bei weiterhin bestehender Primärsymptomatik die Sekundärsymptome in den Vordergrund schieben. Dazu kommt die schon erwähnte Tatsache, dass sich bei Jugendlichen häufig die motorische Unruhe dahingehend verbessert, dass die Betroffenen nicht mehr so umtriebig erscheinen, ihre innere Unruhe aber dennoch erhalten bleibt.

Sekundärsymptome – was gehört dazu?

Viele der AD(H)S-Kinder zeigen während ihrer Entwicklung emotionale Auffälligkeiten.

So verfügen sie nur über ein geringes Selbstwertempfinden und haben wenig Vertrauen in eigene Fähigkeiten. Oft sind von ihnen Äußerungen zu hören wie: „Ich bin eh der Bekloppte." „Das kann ich sowieso nicht." „Ich brauche gar nicht erst anzufangen, denn es geht auf alle Fälle schief."

Viele Hypies stellen ihr Licht in den Schatten, wobei generell auffällt, dass sich AD(H)S-ler sehr schlecht einschätzen können.

Typisch sind auch soziale Unsicherheiten. Sie spüren nicht wirklich, ob sie in der Gruppe anerkannt, gemocht oder geliebt werden. Bei ihnen entsteht oft ein verzerrtes Bild, auch bedingt durch ihre etwas andere Wahrnehmung, über die ich bereits geschrieben habe. So ist ein Auseinanderhalten von An- beziehungsweise Auslachen nicht immer möglich, was gewisse, zum Teil negative Folgen nach sich zieht.

Bei AD(H)S-Menschen können Ängste auftreten. Dabei kann es sich zum einen um Versagensängste handeln, indem sie felsenfest davon überzeugt sind, etwas nicht zu können. Zum anderen werden auch so genannte Verlustängste wichtigen Bezugspersonen gegenüber deutlich, wenn von diesen Sätze formuliert werden, durch welche der Hypie einen Beziehungsabbruch befürchtet. So habe ich persönlich zum Beispiel folgendes erlebt: Unser Sohn wollte sich telefonisch bei mir, seiner Hauptbezugsperson, für eine extreme Unverschämtheit mir gegenüber entschuldigen. Ich verweigerte jedoch das Gespräch. Daraufhin fügte er sich mehrfach auf seinem Arm Schnitte zu. In meiner situativen Ablehnung ihm gegenüber wurde ihm klar, dass, wenn ich ihm keine Unterstützung und Hilfe in verfahrenen Situationen erteilte, es für ihn ziemlich finster aussähe. So folgte diese deutliche Reaktion, die unter Umständen auch tragischer hätte enden können. Ein klares Zeichen seinerseits war gesetzt! Bei Hypies, die generell sehr impulsiv reagieren, kann es gerade in der Pubertät zu spontanen irreparablen Kurzschlussreaktionen kommen. Äußerste Achtsamkeit ist deshalb geboten.

An dieser Stelle sei auch erwähnt, dass bei AD(H)S-Menschen in Folge ihrer Kernsymptomatik depressive Befindlichkeiten auftreten können. Oft wird ihnen, meist unter der medikamentösen Wirkung, bewusst, dass sie ausgegrenzt oder gehänselt werden. Ihnen wird klar, wie groß die Belastung ihrer Eltern ist und sie schreiben sich die Schuld an vielen Auseinandersetzungen in der Familie zu.

Soziale Probleme bleiben häufig nicht aus. Auf Grund ihres störenden Verhaltens nehmen viele Hypies in gleichaltrigen Gruppen eine Außenseiterrolle ein beziehungsweise ziehen sich selbst von anderen zurück und widmen sich Dingen, bei denen es keine direkten Auseinandersetzungen gibt.

Fluchtrichtungen können Computer, Spielkonsole oder ähnliche Medien sein.

Im Zusammenleben mit anderen Kindern fällt auf, dass Hypies meist gut mit wesentlich älteren beziehungsweise jüngeren Kindern zurechtkommen. Probleme entstehen beim Umgang mit Gleichaltrigen, wobei es zu regelrechten Machtkämpfen kommen kann. Sicher ist dies generell typisch im Gruppenleben, aber mit Hypies fallen viele Dinge extremer aus.

Wir als Erwachsene erinnern uns sicher alle an die Klassenclowns während unserer Schulzeit. Ganz oft sind es Hypies, die diese Rolle übernehmen. Sie wollen um jeden Preis auffallen und im Mittelpunkt stehen, ganz egal, ob positiv oder negativ. Viele Lehrer können mit großer Wahrscheinlichkeit ein Lied davon singen.

Was soziale Grenzen und Regeln anbelangt, haben zahlreiche AD(H)S-ler ebenfalls Probleme. Es gehört durchaus zum Bild eines Hypies, dass er lügt oder „Halbwahrheiten" erzählt. Da er eigentlich harmoniebedürftig ist und keinen Ärger will, umschifft er bei Missgeschicken gekonnt die Wahrheit, um Unannehmlichkeiten zu vermeiden. Hypies sind Meister im Verdrängen, das heißt, nach einer Weile glauben sie wirklich an das, was sie sagten.

Vermeidung und Verweigerung gehören ebenfalls zu Sekundärsymptomen bei AD(H)S.

Einige Lehrer werden erlebt haben, dass der Hypie
bei Klassenarbeiten ein leeres Blatt abgibt. Besser ist,
nichts zu schreiben, als vielleicht das Falsche, so denkt
er zumindest. Ein anderer Grund kann auch darin liegen,
dass er mit diesem als provokant erlebtem Verhalten bei
dem Negativkern der Klasse Anerkennung erfährt, was
sehr wichtig für ihn ist, da er dies im positiven Sinne nicht
allzu oft erlebt.

Eltern verstehen oft die Welt nicht mehr, wenn sie bemerken, dass ihnen Geld im eigenen Portemonnaie fehlt.
Die Erkenntnis schmerzt wirklich sehr, aber es ist für viele Hypies traurige Tatsache, dass sie Fremdeigentum
gelegentlich „verlagern", zum Teil auch um sich „Freunde" zu erkaufen. Ich möchte den derben Begriff „stehlen"
eigentlich vermeiden, weil das Wegnehmen bestimmter
Dinge Folge ihrer Spontanität sein kann, ohne sich der
Konsequenz ihrer Handlung bewusst zu werden. Natürlich muss darauf eine Konsequenz von uns Erwachsenen erfolgen, da AD(H)S keine Entschuldigung für Vergehen ist, es aber einiges erklärt.

Was das Stehlen anbelangt, kann es allerdings auch vorkommen, dass Hypies von anderen erpresst werden unter dem „Vorwand" zur Clique dazuzugehören, wenn er
dies oder das „besorgt". Gelingt ein Diebstahl, kann sich
durchaus ein gutes Gefühl bei dem Hypie entwickeln
und er erlebt dies für sich als Bestätigung – er hat es
geschafft, es ist geglückt. Eine traurige „Karriere" kann
beginnen, die vielleicht sogar in der Zelle endet.

Gott sei Dank, und das soll nicht unerwähnt bleiben, betrifft das nur wenige und gehört glücklicherweise nicht zum generellen Bild eines Hypies.

Typisch in der Rubrik der Sekundärsymptome sind auftretende oppositionelle Verhaltensweisen. Bei vielen Dingen, die Sie als Lehrer oder Eltern von Hypies wollen, ernten Sie ein spontanes „Nein!". Daraus kann sich ein „Jein?", vielleicht sogar ein „Ja." ergeben – aber eben nur vielleicht.

Einige AD(H)S-Menschen neigen zu verminderter Frustrationstoleranz. Sie können mit Kritik, gut gemeinten Ratschlägen oder gefühlter Ungerechtigkeit nicht umgehen. Die Folge können Wutausbrüche extremster Art sein. Wer Derartiges erlebt hat, weiß, wovon ich spreche. Brüllen, Toben, Schlagen, Spucken, sich auf den Boden werfen, können im Frust zum typischen Bild gehören.

Solche Ausraster erschweren ein Zusammenleben in KITA, Schule oder Familie, weil sich jeder Beobachter sehr hilflos vorkommt. Pädagogische Beeinflussungsversuche zeigen in solchen Situationen in vielen Fällen leider wenig Erfolg.

Nach einem solch extremen Tobsuchtsanfall sackt der Betroffene oft förmlich in sich zusammen und weint oder schluchzt herzzerreißend.

Diese Wut kann bei Hypies urplötzlich auftreten und sind dann Schläge anderen gegenüber die Folge, wird von Außenstehenden schnell das Wort „aggressiv" geäußert. Die Frage allerdings ist, ob das Kind wirklich aggressiv, von der Definition ausgehend, ist. Aggressivität wird definiert als bewusstes Schädigen von Dingen beziehungsweise als beabsichtigtes Zerstören oder Verletzen.

Ich bin mir nicht sicher, ob Hypies sich lange Zeit vorneh-
men, gezielte Fausthiebe zu verteilen. Dazu ein Beispiel
aus der Schule:

Stellen Sie sich vor Ihrem geistigen Auge die Situation der Hofpause vor. Zig Kinder tummeln sich auf dem
Schulgelände. Irgendwo kommt es unter den Schülern
zum Streit, ein Handgemenge oder eine Prügelei entsteht. Der aufsichtsführende Lehrer, übrigens eine sehr
„dankbare" Aufgabe, geht dazwischen und trennt die
Kontrahenten. Tragischerweise kann es vorkommen,
dass der Hypie einen Teil dieses Menschenknäuels darstellt, weil eine Kämpelei für ihn sehr interessant ist und
er deshalb mit großer Wahrscheinlichkeit dabei ist. Allerdings muss er nicht unbedingt der Verursacher dieses
Streits gewesen sein, was ich jetzt zur Verdeutlichung
einfach annehme. Wenn der Aufsichtspädagoge die Situation verkennt und dem Hypie die Schuld ungerechter-
weise zuschreibt, kann folgendes passieren:

Der Vorwurf wird vom Hypie zunächst, vielleicht verbal
auch ziemlich deutlich, abgeschmettert. Hält der Lehrer an seiner Meinung fest, kann ein Wutausbruch die
natürliche Folge sein. Die Schulglocke schellt – „Pause beendet" – die Kinder begeben sich wieder in ihre
Klassenzimmer. Tausende neue Reize strömen auf
den Hypie ein, er wird von der unschönen Pausenbe-
gebenheit abgelenkt, das Gehirn erhält andere Hand-
lungsimpulse, die der Hypie umsetzt. Das Geschehene
scheint, bedingt durch das bereits beschriebene, etwas
anders funktionierende Kurzzeitgedächtnis, vergessen.

Die nächste Unterrichtsstunde beginnt. Klein-Hypie, der nicht nachtragend ist, wird an die Tafel gerufen, um eine Aufgabe zu lösen. Er geht nach vorn, kommt der Forderung des Lehrers nach und wendet sich nach Beendigung der gestellten Aufgabe wieder der Klasse zu. Er will zu seinem Platz gehen – doch plötzlich sieht er das Gesicht des Streitverursachers aus der Hofpause. Dieser hat allerdings dafür kein „Fett abbekommen" und er als Hypie wurde ungerecht behandelt. Dies sind zwei Gründe, auf die sofort und spontan reagiert wird. So kann es sein, dass der Handlungsimpuls heißt: „Faust ausfahren!" oder „Tisch leerfegen!" oder, oder, oder. Den möglichen Gedankengang des Pädagogen kann ich sehr gut nachvollziehen, denn dieser meint: „Es ist nichts im Vorfeld passiert, aus heiterem Himmel schlägt das aggressive Kind zu."

Aggressivität – eine Folge von Spontanität oder beabsichtigtes Handeln?

Akzeptabel ist dieses Verhalten natürlich auf keinen Fall, aber die Ursache kann sehr unterschiedlich sein und deshalb wäre es gut, vorschnelle Zuschreibungen zu vermeiden.

Das Verhalten von Hypies ist gelegentlich auch als oppositionell zu erleben, wenn sie sich Regeln oder Anweisungen Erwachsener widersetzen. Prinzipiell scheint es schwierig für sie, Autoritäten anzuerkennen. Es fällt ihnen schwer eine Distanz zu bestimmten Personen zu halten und sie zeigen häufig provokantes, motziges Verhalten.

Als provokant könnte allerdings auch folgende Begebenheit bewertet werden, was jedoch nicht unbedingt so gemeint sein muss.

Eine Erzieherin im Kindergarten zum Beispiel informiert die Knirpse darüber, dass es geregnet hat, der Sandkasten nicht abgedeckt war und wegen des nassen Sandes im Sandkasten nicht gespielt werden kann. Nach dieser Information öffnet sich die Tür zum Spielgelände im Freien, die Kinder strömen hinaus und – der Erste springt in den Sandkasten! Dabei könnte es sich um einen Hypie handeln. Warum?

Wie schon erwähnt, folgt das Hirn eines AD(H)S-Menschen jedem aktuellen Handlungsimpuls und hinzu kommt, dass ein Betroffener das hört, was für ihn interessant ist.

Was hat die Erzieherin bei ihrer Erklärung dem Kind ins Hirn gepflanzt?

Natürlich „Sandkasten"! Wie mit solchen Situationen adäquat umgegangen werden kann, folgt unter der Rubrik „Umgangsempfehlungen".

Ein anderes Beispiel aus dem Schulalltag:

Ein Lehrer verabschiedet kurz vor der großen Pause die Schüler mit den Worten: „In der Pause verlässt keiner das Schulgelände. Es geht niemand zum Bäcker." Obwohl die Worte kaum ausgesprochen sind, kann es vorkommen, dass der Erste mit dem Kleingeld klimpert. Analog zum vorangegangenen Beispiel wird Ihnen bewusst werden, was der Pädagoge dem AD(H)S-ler gesagt hat. Natürlich „Bäcker!" – und der Hypie riecht schon die leckeren Pfannkuchen ...

Fragt der Lehrer, der das Geldklimpern gehört hat, daraufhin den Hypie, was er vorhat, kann es sogar vorkommen, dass dieser frisch und frei äußert: „Na Bäcker!" und sehr erstaunt ist über die unmissverständliche Reaktion seines Lehrers.

Aus der Hirnforschung ist das Phänomen bekannt, dass unter anderem die negierenden Worte wie „nein", „nicht", „niemand", „keiner" vom Bewusstsein in ihrer Bedeutung nicht so aufgenommen werden. Wie können Sie sich diesen Fakt vorstellen?

Wenn ich zum Beispiel zu Ihnen sagen würde: „Denken Sie jetzt bitte nicht an rosarote fliegende Elefanten." – Was sehen Sie jetzt gerade vor Ihrem geistigen Auge? Ich glaube, ich weiß es ... Die Natur hat uns damit offensichtlich ein Schnippchen geschlagen.

Um die Merkmale der Sekundärsymptomatik bei AD(H)S abzuschließen, sei auch das Auftreten verminderter Schulleistungen erwähnt. AD(H)S-Schüler scheinen oft intelligenter, als es die Ergebnisse in den schriftlichen Arbeiten widerspiegeln. Sie liegen häufig unter ihrem

Potenzial, wobei die Zensuren in einem Fach eine Bandbreite von Eins bis Sechs einnehmen können. Eine Tendenz ist nicht unbedingt zu erkennen. Lernstörungen treten bei Hypies in allen Intelligenzbereichen auf, außer vielleicht in für sie sehr beliebten Fächern. Erschwerend kann hinzukommen, dass sich bei einem Teil der Betroffenen außerdem noch Teilleistungsstörungen wie Legasthenie (LRS) oder Dyskalkulie (Rechenschwäche) zeigen können.

Zusammenfassung der Sekundärsymptome

Emotionale Auffälligkeiten

* Mangelndes Selbstwertempfinden
* Soziale Unsicherheiten
* Verlust- und Versagensängste

Soziale Probleme

* Außenseiterrolle
* Mittelpunktstreben
* Verletzung sozialer Grenzen und Regeln
* Oppositionelle Verhaltensweisen und Aggressivität

Auffälligkeiten im Lernbereich

* Verminderte Schulleistungen (unter ihrem Potenzial)
* Lernstörungen in allen Intelligenzbereichen

Die bis hierher beschriebenen Kern- und Sekundärsymptome werden mittels bereits erwähnter Methoden
zur diagnostischen Entscheidung durch Fachleute her-
angezogen. Unabhängig von diesen in standardisierten
Fragebögen oder anamnestisch erfragten beschriebenen Merkmalen, zeigen sich bei den in diesem Buch im
Mittelpunkt stehenden Menschen einige Dysregulationen
in autonomen Selbststeuerungsprozessen. So kann beispielsweise die Schlaf-Wach-Regulierung völlig norm-
abweichend verlaufen. Einige AD(H)S-ler, oft weibliche,
berichten über enorme Schwierigkeiten, frühmorgens
„in die Gänge" zu kommen. Da sie in der Regel abends
schlecht zur Ruhe gelangen, weit nach Mitternacht oder
in den frühen Morgenstunden erst in erholsamen Schlaf
fallen, leuchtet ein, dass sie zu „normalen" Aufstehzeiten
noch völlig „zerknirscht" sind. Sie benötigen sehr lange,
um sich dann im Alltag zu entfalten. Gesellschaftlich wird
einem solchen auffälligen Verhalten wenig Verständnis
entgegengebracht, sodass Betroffene im späteren Leben oft ihre eigenen Lösungsstrategien finden, doch
dazu später.

Als auffällig ist bei einigen Hypies auch ihre Thermoregulierung zu beobachten. Sie zeigen zum Teil ein völlig
anderes Wärme- beziehungsweise Kälteempfinden als
„normale" Menschen. Lehrer werden bestätigen, dass es
Hypies gibt, die im Hochsommer langärmlig, im Extremfall mit diversen Kopfbedeckungen, im Unterricht auf-
laufen, ohne zu schwitzen. Andererseits habe ich schon
erlebt, dass Kinder bei klirrender Kälte ihren Anorak in
der Schule vergessen, wobei sie auf dem Schulweg den-

**Dys-
regulationen**

noch nicht frieren, und krank werden sie eh selten. Wenn im nasskalten Herbst oder kurz vor Weihnachten häufig die Klassenstärken minimiert scheinen, weil Husten und Schnupfen sich leicht verbreiten, wird der Hypie zäh in der Schulbank sitzen. Mancher Pädagoge wäre unter Umständen vielleicht sogar froh, der Hypie würde ebenfalls seine Woche Auszeit wegen eines grippalen Infekts nehmen, aber dies geschieht nur in wenigen Fällen.

Anders als von der Norm gezeigt, kann auch das Hunger-Durst-Bedürfnis ausfallen. Hypies können auf Grund ihrer verminderten Selbsteinschätzung nicht immer bei sich Gefühle von Durst und Hunger einschätzen. Dem Umfeld wird allerdings bei einem hungrigen beziehungsweise durstigen Hypie nicht seine extrem hohe Gereiztheit entgehen.

Essgewohnheiten und -vorlieben weichen ebenfalls oft von der Norm ab. Bedingt durch den Glukosestoffwechsel im Gehirn zeigen AD(H)S-ler häufig Heißhunger auf Süßes und einige von ihnen werden als „Phasenfresser" bezeichnet. Über längere Zeitspannen hinweg bevorzugen sie gewisse Nahrungsmittel, die sie dann fast ausschließlich konsumieren. Bei vielen Speisen, zumindest bei unbekannten, überzeugen sich Hypies von der Genießbarkeit des vorgesetzten Essens durch Riechen. Ihr ausgeprägter Geruchssinn lässt sich als Phänomen bezeichnen. Scherzhafterweise wird behauptet, dass diese Menschen, würden sie bei der Polizei eingesetzt, erfolgreicher wären als mancher Spürhund.

In Verbindung mit dem Thema Essen sollte nicht unerwähnt bleiben, dass bei einer recht großen Anzahl von

Hypies Nahrungsmittelunverträglichkeiten feststellbar
sind, ob Zucker, Weizen, Laktose, Farbstoffen oder anderen gegenüber, sei dahin gestellt. Auch ist ein Großteil der Hypies von Allergien wie Heuschnupfen, Asthma
und so weiter betroffen.

Das Schmerzempfinden weicht oft ebenfalls von der allgemeinen Norm ab. Die Messlatte des Schmerzes kann
bei Hypies sehr hoch liegen. Sie treten diesbezüglich
nicht zimperlich auf, reagieren andererseits aber fast pa-
nisch, wenn sie beim Arzt eine Spritze bekommen sollen. Einige äußern in derartigen Situationen Worte wie
„Körperverletzung"!

Schwierig gestaltet sich bei AD(H)S-Menschen die Re-
gulierung von Nähe und Distanz. Hypies sind häufig kontaktfreudig und gehen offen auf andere Menschen zu.
Außenstehende haben beim ersten Kontaktieren oft den
Eindruck, auf Grund der lockeren Art von Hypies, diese
schon lange zu kennen.

Als wir mit unserem Sohn einmal in einem größeren Ho-
tel gebucht hatten, wurden wir nach zwei bis drei Tagen
von unzähligen Urlaubern, die uns unbekannt waren, ge-
grüßt. Ich glaube, es ist besser nicht zu hinterfragen, über
welche Anekdoten, die unser Sohn zu berichten hatte, wir
ihnen bekannt wurden. Hypies schießen auch auf diesem
Gebiet gelegentlich über das Ziel hinaus. Jüngere Hypies
tragen ihr Herz auf der Zunge und oft geht die Phantasie
mit ihnen durch, was das Umfeld aber nicht immer real
einschätzen kann. So sind peinliche Situationen für Eltern nicht immer auszuschließen, wobei diese „Geschich-
ten" auch zur Erheiterung beitragen können. C'est la vie.

Als auffällig werden Pädagogen und Eltern ebenfalls erleben, dass Hypies bei fremden Personen im Umfeld lange Zeit beziehungsweise in entspannten Situationen schnell vom „Sie" zum „Du" gelangen.

Ein weiterer autonomer Selbststeuerungsprozess, ganz konkret die Herz-Kreislauf-Regulierung, kann bei Hypies, wie so viele Dinge, einfach anders verlaufen. AD(H)S-Menschen berichten von beispielsweise niedrigem Blutdruck, weisen aber keine kalten Füße oder Hände auf und sie sind nicht antriebsarm, sondern umtriebig. Auch von entgegengesetzten Auffälligkeiten konnte ich mich überzeugen. So sind mir Beispiele von immer fröstelnden Personen mit hohem Blutdruck, die wiederum, abweichend vom üblichen Bild, fast phlegmatisch im Auftreten erscheinen, bekannt – paradox, oder?

Zusammenfassung zu Dysregulationen autonomer Selbststeuerungsprozesse

- Schlaf-Wach-Regulierung
- Thermoregulierung
- Hunger-Durst-Bedürfnis
- Nähe-Distanz-Regulierung
- Schmerzempfindung
- Herz-Kreislauf-Regulation

Jeder, der all die erwähnten Informationen bezüglich Verursachung und Symptomatik aus dem persönlichen Erleben kennt, weiß, dass im Umgang mit Betroffenen darauf eingegangen werden sollte, um ein Zusammenleben harmonischer gestalten zu können. Ganz harmonisch, wie in gut funktionierenden Nicht-AD(H)S-Familien, wird es mit großer Wahrscheinlichkeit allerdings dennoch nicht ablaufen.

Obwohl es bei der beschriebenen Stoffwechselkrankheit momentan keine Heilung gibt, besteht aber trotz allem die Möglichkeit, optimal damit umzugehen. Ein Betroffener kann lernen, damit zu leben – genau wie sein Umfeld. Um Enttäuschungen vorzubeugen, wäre es jedoch gut einzukalkulieren, dass es immer wieder und wieder Rückschläge im Verhalten geben wird. Geduld und ein langer Atem sind bei allen Beteiligten gefragt.

Bevor ich auf verschiedene Umgangsempfehlungen eingehen werde, noch ein Wort zu dem Verlauf dieser im Mittelpunkt stehenden primär genetisch bedingten Hirnfunktionsandersartigkeit AD(H)S.

Verlauf

Obwohl eine eindeutige Diagnose erst mit fünf bis sieben Jahren beim Kind gestellt werden kann, ist aus anamnestischen Gesprächen mit Eltern mittlerweile bekannt, dass in den einzelnen Entwicklungsetappen Betroffene unterschiedliche Merkmale zeigen. Das heißt, die Erscheinungsformen von AD(H)S sind recht unterschiedlich. Rückwirkend fällt im Säuglings- und Kleinkindalter das hohe Aktivitätsniveau der Kleinen auf. Sie sind sehr umtriebig, weinen als sogenannte „Schreibabys" oft und

Säuglings- und Kleinkindalter

haben Schlafprobleme. Sie kommen nur schwer zur Ruhe. In Beratungsgesprächen mit Eltern wurde mir von ungeheuerlichsten Experimenten berichtet, alle mit dem einen Ziel verbunden, das Kind irgendwie zum Schlafen zu bringen. Die erfinderischen Ideen gingen von Staubsauger- und anderen Geräuschen über im Kinderwagen durch holpriges Gelände fahren, bis zu die Babyschale auf eine laufende Waschmaschine im Schleudergang stellen. In Situationen, in denen kein anderer zur Ruhe kommt, können Hypies seelenruhig einschlafen.

In diesem Alter werden ebenfalls Essprobleme deutlich. Schwierigkeiten kann es ernährungsmäßig beim Übergang von Milch auf Brei geben. Auch die Aktivität der Kinder bei den Mahlzeiten ist enorm. Um ein Baby zu füttern oder auch zu wickeln, benötigte eine Mutter eigentlich drei bis vier Arme zur Bändigung des Kindes. Was im Bewegungsbereich der Kinder diesen Alters auffällt ist, dass sie selten krabbeln sondern mehr robben, zum Teil auch rückwärts auf ihrem Hinterteil rutschen, was recht witzig aussieht.

Vorschulalter

Typisch für das Vorschulalter ist ihre geringe Ausdauer beim Spielen. Sie beginnen viele Dinge ohne diese zu beenden. Dabei verhalten sie sich oft sehr geräuschvoll und zeigen ziellose Aktivität. Geht etwas nicht nach ihren Vorstellungen, geben sie schnell auf, reagieren oft gereizt oder aggressiv. Oppositionelles Verhalten tritt bei den Kindern häufig auf, was zu Beziehungsproblemen führen kann.

Wenn ein Hypie zum Beispiel im Sandkasten, weil es ihm gerade einfällt, mit einer roten Schaufel spielen möchte, aber zu dem Zeitpunkt nur noch blaue zur Verfügung stehen, kann es sein, er „erkämpft" sich eine rote mit Schlägen, woraus unweigerlich ein zu klärender Konflikt entsteht.

Die wahre Leidenszeit für Hypies beginnt allerdings mit dem Schuleintritt. Die Kernsymptome werden sehr deutlich, Lernschwierigkeiten sowie Teilleistungsstörungen können die Situation erschweren, was zu Klassenwiederholungen oder zu Schulwechseln führen kann.

Schulalter

Ich kenne aus meiner beruflichen Laufbahn einen AD(H)S-Jungen, der in sechs durchlaufenen Schuljahren sieben Schulen besucht hat …

Auffälligkeiten werden sich immer wieder von der Grundstufe bis zur Oberstufe im Sozial- und Arbeitsverhalten bezüglich der Geschwindigkeit, der Genauigkeit sowie der Selbststeuerung zeigen, um nur einige Beispiele zu nennen.

Unzufriedenheit breitet sich bei betroffenen Kindern, Pädagogen und oft auch Eltern aus, da die Ergebnisse beim besten Willen nicht immer befriedigend sind oder den alterstypischen Anforderungen nicht entsprechen.

Zwei Ausschnitte aus Aufzeichnungen sollen dies verdeutlichen.

8. Mai

länger als im Winter, der längste
Tag, wieder kürzer, nicht mehr so
lange es ist wie im Juni, viel
schöner als vorher, an den kurzen
Tagen
alt, alt älter, am ältesten
kalt, kal kälter, am am kältesten
hart, hart härter, am härtesten
groß, größer, am größten
stark, starker stärker, ams / sta
stark, stärker, am sterkest sterksten
lang, länger, am längsten
verkaufen - der Verkäufer
backen - der backen - der Bäcker
tanzen - der Tanzer Tänzer
jagen - jagen - der jäger Jäger

der Garten - der Gärtner   der Garten - der Gärtner
das Schaf - der das Schaf - der Schäfer
die Verkäuferin - die Verkäuferinnen
die Jagen Jägerin - die Jagerin Jägerinnen

15. Mai

Beere Beere S.72, die Beeren
Kaffee S.103
das Paar S.722, das Paar Schuhe, zwei Paar
paar S.722, ein paar Tage lang
Tee S.147, der Tee, die Tees
Zoo S.160, der Zoo, die Zoos
Paar, Haar, See, leer, Tee, Schnee,
Beet, Boot, Meer, Moor
ein Paar Schuhe, ein paar Tage,
ein B Paar Strümpfe, ein Paar
Handsc Handschuhe, ein paar Stunden,
ein paar Beeren, ein Paar Schlittschuhe

Colonel Fazackerley Butterworth-Toast.

Bought an old castle complete with a ghost,
But someone or other ~~to~~ forgot to ~~declare~~ declare
To Colonel ~~Fazack~~ that the spectre was there
On ~~the~~ the very first evening, while waiting to dine,
~~The~~ The ~~Colonel was~~ taking a ~~fine~~ fine
                                                    sherry win

When the ghost with a ~~furious~~ flash and a flare,
Shot out of the chimney and shivered "Beware !"
Colonel Fazackerley ~~put~~ put down his glass
And said, "My dear fellow, that's really first class
I just can't conceive how you do it at all.
I ~~imagine~~ imagine you're ~~going~~ to a fancy dress ball ?"
~~At~~ At ~~this~~ this, the dread ~~ghost~~ ghost gave a withering cry.
Said the Colonel (his ~~monocle~~ monocle ~~from~~ in his eye),
"Now just how you do it I wish I ~~could~~ could think.
Do sit down and tell me, and ~~please~~ please have a drink".
~~The ghost in his phosphorous~~ cloak gave a ro
~~And floated about between~~ ceiling and flo
~~He walked through~~ a wall and returned through a pane
~~And backed~~ up the chimney an came down again.
Said the Colonel, ~~with laughter~~ "with laughter I'm feeling quite weak !"
(As trickles of ~~merriment~~ ran down his cheek).
"My house — ~~warming~~ warming party I hope you ~~won't~~ won't spurn.
~~You must say~~ You must say you'll come and you'll give us a turn !
At this, the poor ~~spectre~~ spectre - quite out of his wits —
Proceeded to shake ~~himself~~ himself almost to bits.
He rattled his chains and he ~~clattered~~ clattered his bones

Von Gleichaltrigen werden diese Kinder oft abgelehnt. Sie haben wenige feste Freunde. Als Folge von all dem Genannten können Selbstwertprobleme auftreten.

Pubertät

Das pubertäre Alter, welches sich für viele Menschen schwierig und herausfordernd zeigt, kann bei uns bezüglich AD(H)S-ler jede Vorstellungskraft sprengen. Es kommt dem Umarmen eines Kaktus gleich.

Ein Comedian verglich einmal in seinem Programm einen Pubertierenden mit einem Alkoholiker ohne Waffenschein beziehungsweise er bezeichnete die Pubertät als ein Zuviel an Versuchungen für zu wenig Hirn.

In dieser Phase findet wahrhaftig eine Umstrukturierung des Gehirns statt, sodass man sich ein imaginäres Schild vor dem Kopf des Jugendlichen vorstellen könnte, mit den Worten: „Hirn wegen Umbau geschlossen!"

Das Jugendalter mit seiner „Superpubertät" ist die Praline in der Karriere eines Hypies. Wie schon erwähnt, treten neben den Kernsymptomen mit wachsenden Anforderungen komplexe Symptome und Komorbiditäten auf. Typisch für AD(H)S-Jugendliche sind zum Beispiel ungleichmäßige Leistungen und Unorganisiertheit auf die eigene Person bezogen. Die Planung von Langzeitaufgaben lässt sich kaum realisieren. Hausaufsätze zum Beispiel werden in der letzten Nacht vor ihrer Abgabe, flüchtig und knapp bemessen, zu Papier gebracht. Logischerweise hätte das Ergebnis besser ausfallen können, aber leider!

An dieser Stelle dazu in gekürzter, aber unveränderter Form ein live erlebtes Beispiel eines Anliegens, welches ich per Mail erhielt:

Samstag, 16:58 Uhr

Hallo,
ich bin Joe
Sie fragen sich vlt. warum ich sie kontaktiere, doch dies hat einen ganz simplen Grund. Ich muss in Deutsch eine Buchvorstellung machen und da ich nicht so jemand bin der gern liest, liegt es natürlich in meinem Interesse ein Buch zu lesen welches mich auch interessiert.
Da Ich selbst ein junger Mann bin bei dem ADHS diagnostiziert wurde und meine Mutter ihr Buch schon

vor einiger Zeit gelesen hat und mich darin gut wiedererkannt hat, meinte sie ich sollte das von ihnen geschriebene Buch „Chaos oder Chance" vorstellen. Zu meinem erstaunen erkannte ich mich wirklich Stellenweise in dem Buch wieder.

Ich hätte nun noch ein paar Fragen zu ihnen und dem Buch und würde mich freuen wenn sie mir diese beantworten könnten ...

Und wie sie wissen werden Hausaufgaben bei uns „Hypies" immer kurz vor knapp erledigt. Deswegen wäre ich ihnen Dankbar wenn sie mir ihre Antworten schnellstmöglich zukommen lassen könnten.

Viele Grüße

Frau „Eigentlich"

Sonntag, 17:07 Uhr

Hallo Joe,

gern helfe ich dir – ich hoffe, das „DU" ist okay – bei deiner Buchvorstellung. Gehe ich recht in der Annahme, dass die am Montag stattfindet ...?

Da ich momentan nicht zu Hause bin und nur über mein Handy die Mails abrufe, wäre es effektiver, wenn wir telefonieren würden.

Andernfalls kann ich erst heute Abend schreiben.

Bis später beste Grüße

Ramona Wiedemann

Sonntag, 18:24 Uhr

Hallo

Zu meinem Glück brauche ich diese Buchvorstellung erst am Montag! :D

Schriftlich wäre mir lieber da ich ihre Information somit gleich aufgeschrieben habe, da es für mich schwierig ist die wichtigen Infos zu filtern bzw. zu merken.

Vielen Dank für ihre Antwort

Beste Grüße

Joe

Sonntag, 21:26 Uhr

Hallo Joe,

genau das, was du mir geantwortet hast, habe ich vorher zu meinem Mann gesagt. Hypies sind oft gut kalkulierbar, es ist einfach wunderbar!

Übrigens bin ich mir sicher, dass du die Buchvorstellung gut über die Bühne bekommst. Es ist dein Thema, etwas Besseres kann dir nicht passieren.

Nun zu deinen Fragen ...

Ich hoffe, ich konnte deine Fragen beantworten und wünsche dir für morgen toi toi toi!

Über eine kurze Rückmeldung würde ich mich freuen.

Lass es dir gut gehen und glaube an dich!

Beste Grüße

Ramona Wiedemann

Montag, Buchvorstellung in der Schule

Samstag, 15:28 Uhr

Hallo

Es tut mir leid das ich ich jetzt erst melde aber ich bin
eher nicht dazu gekommen.

Ich habe den Vortrag meiner Meinung nach gut ge-
meistert und eine 2 bekommen ...

Vielen Vielen Dank für ihre Hilfe

Joe

Aus diesen kurzen Zeilen lässt sich so viel
AD(H)S-Typisches erkennen, fast schon ein Bilderbuch-
beispiel.

Deutlich werden neben der Aufgabenerfüllung im allerletzten Augenblick die vielen Flüchtigkeitsfehler, das
späte Rückmelden, aber auch die Eigeninitiative – wenn
es brennt – die Höflichkeit, verbunden mit einem gewissen Charme.

Jugendliche Hypies haben häufig enorme Schwierigkeiten in ihrer Selbsteinschätzung. Oft stellen sie ihr Licht
unter den Scheffel und neigen zu totaler Selbstabwer-
tung. Allerdings habe ich auch, was Selbsteinschätzung
anbelangt, das Gegenteil erlebt. Einige wenige Hypies
überschätzen sich derart, dass ihre Fehleinschätzung

mit einem narzistischen Charakter vergleichbar ist. Wer einen solch gearteten, selbstverliebten, omnipotenten Kollege oder Vorgesetzten hat, benötigt Unmengen von Kompromissbereitschaft und idealerweise die Fähigkeit, sich „selbstbewusst" unterzuordnen, wie immer das funktionieren mag. Vergleicht man AD(H)S und Narzismus, dann zeigt sich aus meiner Sicht erst genannte Auffälligkeit bei aller Problematik als kleineres Übel und wahres Geschenk.

Narzistische Menschen hinterlassen, meine Erfahrung betreffend, nachdem sie um einen guten Eindruck bemüht waren, in ihrem Umfeld sehr breite und tiefe Spuren. Sie verletzen und kränken und dies ohne Reue. Im Gegenteil, sie fühlen sich sehr gerecht, sodass es manchmal scheint, als wollten sie gar nicht so fies auftreten. Ein Miteinander auf Dauer ist sehr speziell.

Dieses Beispiel zeigt, dass es, was die Diagnostik anbelangt, häufig zu symptomatischen Überlappungen kommen kann, was wiederum unbedingt der Sicht eines Professionellen bedarf.

AD(H)S-Jugendliche zeigen oft ein sehr markantes Sozialverhalten, welches im Umfeld Anstoß zu Kritik bietet, womit sie allerdings überhaupt nicht umgehen können und entsprechend aufbrausend, ablehnend oder provokant reagieren. Sie setzen sich über Ver- und Gebote hinweg und testen knallhart aus, wie weit sie gehen können. Gegenüber Autoritäten empfinden sie wenig Respekt und auch ihre Toleranz zeigt sich als äußerst mangelhaft. Sie zeichnen sich häufig durch Vermeidungs- und Verweigerungsverhalten aus.

Delinquentes Verhalten wie Substanzenmissbrauch, Bandenanschluss mit all den negativen Aktivitäten und hohe Gewaltbereitschaft sind keine Seltenheit.

Chaotische Ordnung, Schwierigkeiten im Geld- und Zeitmanagement sowie selbstschädigendes Verhalten und Essstörungen lassen sich ebenfalls mehrfach beobachten.

Bedingt durch all die beschriebenen Probleme wird für viele Hypies ein Schulabschluss erst über den zweiten Bildungsweg möglich und ihre Berufswahl treffen sie, durch ihre starke Personenbezogenheit, häufig in Abhängigkeit von Sympathie bestimmten Ausbildern gegenüber.

Als traurige Realität ist auch zu erleben, dass einige Hypies Lehrausbildungen zum Teil mehrfach abbrechen. In der Phase der Pubertät ist von Personen ihres sozialen Umfeldes die Geduld sehr gefragt und wird ausreizend auf den Prüfstand gestellt. Sicher ist diese Aussage auch für Nicht-AD(H)S-ler zutreffend, wer jedoch pubertierende Hypies erleben darf, weiß, wovon ich spreche, da selbst diese Phase extremer als bei anderen abläuft.

Eine sehr erfahrene Expertin, Cordula Neuhaus, schrieb in einem ihrer fantastischen Bücher sinngemäß, dass es ein Jahr mit Hypies gibt, in dem alle Beteiligten des Umfeldes das Gefühl haben, in keiner Weise an den Hypie herankommen. Sie reden mit ganzer Kraft gegen eine Wand. All denen, denen es gelingt dieses erwähnte Jahr durchzustehen, sei gesagt, es kann sich lohnen, denn die Erfahrungen vieler Eltern zeigen, dass sich nach Abschluss der psychischen Pubertät im geschätzten Alter von zirka vierundzwanzig Jahren (!) aus AD(H)S-Jugendlichen tolle Erwachsene entwickeln können, vorausgesetzt alle Säulen des sozialen Umfeldes halten unerschütterlich zur Stange. Allerdings gibt es auch dafür keine Garantie, da selbst AD(H)S-Jugendliche aus besten, sich engagierenden Elternhäusern eine negative Entwicklung nehmen können.

Auch wenn Mutter und Vater des Jugendlichen eine gute Vorbildrolle verkörpern, wird in der Pubertät die Gleichaltrigengruppe im Umfeld einen sehr viel größeren Einfluss auf den Pubertierenden ausüben als seine Erzeuger. Genau dann entscheidet sich, in welche Richtung seine Entwicklung verläuft. Da Hypies negative Dinge aufsaugen wie ein Schwamm, sie – egal wie – Anerkennung und Zugehörigkeit suchen, kann es durchaus sein, und das belegen mehrere Studien, dass Hypies weniger erfreuliche Begleitprobleme aufweisen wie Gesetzeskonflikte. Diese können zum Beispiel Drogenmissbrauch, Straffälligkeiten, Diebstähle und Körperverletzungen sein.

AD(H)S-Jugendliche lernen selten aus Erfahrungen. Sie leben im Hier und Jetzt und zeigen kaum vorausschauendes Denken.

Auch eine hohe prozentuale Rate an emotionalen Störungen wie Ängste und Depressionen sowie Lernschwierigkeiten und daraus resultierende Klassenwiederholungen zeigen sich in der Realität.

Zusammenfassung zum Verlauf von AD(H)S Säuglings- und Kleinkindalter

- Sehr hohes Aktivitätsniveau
- Schlafprobleme
- Essprobleme
- Gereizte Stimmung

Vorschulalter

- Ziellose Aktivität
- Geringe Spielintensität und Ausdauer
- Oppositionelles Verhalten
- Aggressivität
- Beziehungsprobleme

Schulalter

- Unruhe, Ablenkbarkeit im Unterricht
- Lernschwierigkeiten und Teilleistungsstörungen
- Umschulungen, Klassenwiederholungen
- Aggressives Verhalten
- Ablehnung durch Gleichaltrige
- Selbstwertprobleme

Pubertät

- Ausgeprägte Symptomatik
- Emotionale Auffälligkeiten
- Extremste Stimmungsschwankungen
- Schwierigkeiten in der Selbsteinschätzung
- Hinwegsetzen von Ver- und Geboten
- Keine Akzeptanz von Autoritäten

- Vermeidungs- und Verweigerungsverhalten
- Extreme Kritikempfindlichkeit
- Mangelnde Toleranz
- Schulabschluss oft auf dem zweiten Bildungsweg
- Berufswahl nach Personen
- Abbruch der Lehrausbildung
- Delinquentes Verhalten, Gesetzeskonflikte
- Substanzenmissbrauch
- Beeinträchtigtes Zeitmanagement
- Schwierigkeiten im Geldmanagement
- Kein vorausschauendes Denken
- Chaotische Ordnung

Da sich AD(H)S nicht, wie fälschlicherweise ab und zu angenommen, in der Pubertät verwächst, persistieren hyperkinetische Symptome bei dreißig bis sechzig Prozent der Erwachsenen. Zirka dreißig Prozent weisen eine ausgeprägte Symptomatik auf und bei fünfzehn bis dreißig Prozent zeigen sich, und dies oft bei geringer Schulbildung, delinquente und dissoziale Persönlichkeitsstörungen. Allerdings, und das darf nicht vergessen werden, beweisen viele AD(H)S-Erwachsene, dass sie ihr Leben hervorragend meistern und sind, wenn sie ihre Tätigkeit einhundert prozentig begeistert, als hoch engagierte Mitarbeiter in Unternehmen anzutreffen.

Erwachsenen-alter

Für einige Hypies ist es jedoch auch als Erwachsene schwierig, sich in Teams einzugliedern. So verwundert es nicht, dass zahlreiche Selbstständige AD(H)S-typische

Symptome zeigen. Beruflich selbstständige Hypies sind gut beraten, wenn sie über eine personelle rechte Hand verfügen, die solch weniger interessante Aufgaben wie Rechnungseingänge, Mahnungen oder nervige Termine im Auge behält. Struktur von außen wird für AD(H)S-ler in verschiedenen Situationen unabdingbar bleiben.

Neben der Selbstständigkeit bevorzugen Hypies, auf Grund ihres „Helfersyndroms", häufig soziale Berufe, wie Krankenpfleger, Erzieher, Lehrer, Polizisten, Einsatzkräfte bei Feuerwehr und Technischem Hilfswerk oder Rettungsdienst. Auch für gut strukturierte Arbeitsplätze, bei denen verlässlich Rückmeldungen gegeben werden, wie zum Beispiel in der Computerbranche ist diese Menschengruppe prädestiniert.

Wenn AD(H)S-ler ihren Weg bis zum Erwachsenenalter unbeschadet gegangen sind, dann gelten sie oft als Farbkleckse im grauen Alltag. Sie bereichern häufig durch ihre Art ihr Umfeld. Ich bin sogar am Überlegen, ob ich ihnen ein extra Buch widme, verdient hätten sie es allemal.

Stärken und Ressourcen

Wer mit AD(H)S-Menschen, gleich welchen Alters, im direkten Kontakt zu tun hat, der wird nicht umhin kommen, neben der typischen Symptomatik viele Stärken und Ressourcen zu beobachten.

In der Regel sind Hypies sehr fürsorglich und hilfsbereit zu erleben. Wenn beispielsweise eine Biologielehrerin die grüne Farbe des Aquariumwassers erwähnt, wird Klein-Hypie ihr mit großer Wahrscheinlichkeit beim Säu-

bern helfen, vorausgesetzt, seine Beziehung der Pädagogin gegenüber stimmt.

Aus dem persönlichen Bereich ein weiteres Beispiel:

Als Frau und Mutter war ich gelegentlich stark von Mi-
gräne betroffen – mit all ihren unangenehmen Begleit-
erscheinungen wie Brechattacken, grünlicher Gesichts-
farbe und Licht- beziehungsweise Geräuschempfindlich-
keit. Wenn unser Sohn, der normalerweise mit hohem
Geräuschpegel auftrat, diesen desolaten Zustand bei
mir bemerkte, drehte er sofort seine Musik leiser, war
sehr besorgt, brachte mir Tee und bettete mich fürsorglich auf die Couch. Sobald sich allerdings mein Zustand
sichtbar verbesserte, war wieder action in unserer „Hüt-
te" angesagt.

Bei Jugendlichen zeigt sich häufig ihre Fürsorglichkeit
darin, dass sie andere gut beraten und sich für sie einsetzen können, weshalb einige von ihnen als Klassen-
sprecher fungieren. Ältere Hypies beweisen sich als
gute Babysitter, allerdings nicht unbedingt in der eigenen Familie und sie engagieren sich im Helferbereich.
Auffallend bei vielen AD(H)S-Betroffenen ist ihre enorme Phantasie und ihre Kreativität, was auch schauspie-
lerisch oder in Rezitationen stark zum Ausdruck kommen kann.

Diese Kinder bauen aus den uns allen gut bekannten
Plastikbausteinen bestenfalls einmal nach Vorlage die
Autos oder andere Objekte. Viel spannender ist es für
sie, Eigenkonstruktionen mit großem Einfallsreichtum
aus zig Bausteinen zu kreieren. Dabei zeigen sie oft fein-

motorisches Geschick, was ihnen bei anderen Tätigkeiten nicht immer gegeben ist.

Ich durfte mittlerweile zahlreiche Hypies mit außergewöhnlicher musischer Begabung kennen lernen. Einige eigneten sich autodidaktisch die Kunst des Musizierens an.

Als weitere Stärke fällt bei vielen Hypies ihr ausgeprägter Gerechtigkeitssinn auf. Auch wenn sie nicht unmittelbar selbst an einer Sache beteiligt waren, aber aus der Entfernung genau beobachtet haben, wer zum Beispiel den Streit begonnen hatte, werden sie sich sehr hartnäckig für eine gerechte Entscheidung einsetzen. Dabei wiederum fassen Hypies oft Schelte von den Erziehern mit den Worten ab, sich doch um ihre eigenen Belange zu kümmern, denn damit hätten sie doch wohl genug zu tun. Ein Dämpfer mehr!

Sportlehrer können aus ihrem Schulalltag sicher bestätigen, dass Hypies, wenn sie bei einem Spiel tragischerweise der Verlierermannschaft angehörten, den Wettbewerb im Umkleideraum lautstark unter Körpereinsatz fortsetzen, sodass es häufig zu Nasenbluten oder anderen unangenehmen Begebenheiten kommen kann. Werden Hypies allerdings als Schiedsrichter eingesetzt, fällen sie häufig sehr gerechte Entscheidungen.

Gott sei Dank zeigen AD(H)S-Menschen in der Regel kein nachtragendes Verhalten, da sie, wie erwähnt – an der Stelle lässt sich sagen, glücklicherweise – vieles vergessen. Allerdings gibt es eine Ausnahme. Fühlt sich ein Hypie von ein- und derselben Person mehrfach extrem ungerecht behandelt oder zutiefst verletzt, kann er derart nachtragend sein, dass der Entsprechende für ihn nicht mehr existiert oder Spießruten läuft. Die Person kann tun und lassen, was sie will, sie ist beim Hypie durch und bekommt auf der Beziehungsebene kaum eine zweite Chance, bitter für beide Seiten.

Um mit den für Hypies typischen Stärken abzuschließen, sollten ihre Naturverbundenheit und ihre unerschütterliche Tierliebe nicht unerwähnt bleiben. Auf Wanderungen sind sie als Jäger und Sammler zu erleben. Sie benötigen alles und finden entsprechende Anwendung. Stöcke, Steine, Zapfen, Moos, diverse Tierchen und anderes sind mehr als interessante Dinge, die auch häufig mit nach Hause geschleppt und natürlich gut verstaut beziehungsweise gut versteckt werden. Allerdings kann die anfängliche Begeisterung diesen Sachen gegenüber schnell erlöschen und manche Mutter ist froh, wenn es im Kinderzimmer unter dem Türspalt nicht zu leben beginnt …

Gut ist der beraten, der mit gewissen Situationen gelassen umgeht und eine etwas andere Sicht auf die Betroffenen entwickelt. Je besser es gelingt, die Ressourcen bei AD(H)S-lern zu nutzen, um damit ihre Defizite zu minimieren, um so einfacher und geradliniger kann ihr Entwicklungsweg verlaufen. Obwohl ich weiß, dass es keine Zufälle gibt, finde ich die Doppelbedeutung der Abkürzung AD(H)S einfach genial. Eigentlich verbirgt sich hinter den vier Buchstaben bekannterweise Aufmerksamkeits-Defizit-Hyperaktivitäts-Syndrom, aber, A, D, H und S könnten auch heißen:

Auch **D**u **H**ast **S**tärken!

Zusammenfassung der Stärken und Ressourcen

- Hilfsbereitschaft und Fürsorglichkeit
- Kreativität und Phantasie
- Kein nachtragendes Verhalten
- Gerechtigkeitssinn
- Naturverbundenheit und Tierliebe

Was die Richtung des Entwicklungsweges bei AD(H)S-Betroffenen angeht, spielen sehr, sehr viele Faktoren eine maßgebliche Rolle. Einen entscheidenden Einfluss hat dabei der entsprechende Umgang mit Hypies, welcher in der Umsetzung nicht immer leicht zu meistern ist. Einen Versuch sollte es jedoch wert sein!

Umgangs-empfehlungen

Grundvoraussetzung für einen erfolgreichen, beidseitig zufriedenstellenden Umgang mit AD(H)S-Menschen ist eine positive Einstellung der Thematik gegenüber, denn die Betroffenen wollen nicht anstrengend und nervend sein, wie sie aber oft von ihrem Umfeld erlebt werden. Sicher gut gemeinte Aussagen, wie: „Reiß dich zusammen!", oder „Kneif die A-Backen zusammen!" fallen selten auf fruchtbaren Boden, da Hypies gar nicht wissen, was zu tun ist beziehungsweise wie dies gehen soll. Sie haben sich logischerweise in ihrer Art noch nie anders erlebt, sodass die genannten Hinweise eher verunsichern als helfen.

Welches Miteinander kann dann eine echte Unterstützung darstellen?

Die folgenden fünf Schwerpunkte im Umgang mit AD(H)S-Menschen können selbstverständlich keine Patentrezepte sein, sondern nur Empfehlungen. Das heißt, nicht jede Empfehlung wird bei beziehungsweise mit jedem Hypie immer erfolgreich umsetzbar sein, da viele unterschiedliche Faktoren eine bedeutende Rolle dabei spielen. So verfügt zum Beispiel jeder über seine entsprechend mehr oder weniger gute Tagesform, die Konstellationen in Gruppen, Klassen oder in der Familie sind nicht immer dieselben und auch bestimmte Situationen werden sich sehr unterschiedlich abspielen. Dennoch sind folgende prinzipielle Umgangsformen von immenser Bedeutung und wichtige Überlebensstrategien. Die Empfehlungen habe ich in fünf von mir bezeichnete Säulen untergliedert.

Eine Säule bezeichne ich als die der Außensteuerung und Struktur. Auf Grund der oft verminderten Selbststeuerung sind AD(H)S-Betroffene auf Außensteuerung und Struktur angewiesen und benötigen dies wie die Luft zum Atmen. Was ist darunter zu verstehen?

Außensteuerung und Struktur

Im häuslichen Bereich genau wie in der Schule sollten Aufgaben beziehungsweise Veränderungen im Ablauf der Kinder angekündigt werden, was mit folgenden Beispielen untermauert werden soll:

Wenn Hypies etwas von einem möchten, sollte es rein theoretisch sofort geschehen, da sie, bedingt durch ihre Impulsivität, eigene Bedürfnisse nicht zurückstecken können. Wenn allerdings Sie als Eltern oder Lehrer eine

Aufgabe erfüllt haben möchten und zwar sofort, werden Sie oft hören: „Gleich!" oder „Später!". Gleich oder später bedeuten nicht selten nie, wenn die Aufforderungen nicht mehrfach wiederholt werden. Auf Grund der beschriebenen Symptomatik sind Hypies oft nicht in der Lage, Dinge sofort umzusetzen. Sie können mit Spontanität von außen nicht umgehen und deshalb benötigen sie eine Ankündigung entsprechender Aufgaben oder Abläufe.

Derartige Situationen könnten beispielsweise folgendermaßen aussehen:

Ein Kind in der Unterstufe geht nach Unterrichtsschluss gewohnheitsmäßig selbstständig und allein nach Hause. Wenn es überraschenderweise und unverhofft eines Tages jedoch von seiner Mutter nach der Schule abgeholt wird, um gemeinsam noch irgendwelche Dinge zu erledigen, kann es sein, dass das AD(H)S-Kind sich wild gebärdet und verärgert ist beziehungsweise schimpft, eventuell sogar verbale Attacken in Richtung der Mutter abschickt. Für das Umfeld ist eine derartige Reaktion oft nicht nachvollziehbar, da sich andere Kinder meist freuen, wenn Eltern aus geschildertem Anlass in der Tür stehen. Entspannter kann die Situation ablaufen, wenn die Mutter am Abend vorher ihr Vorhaben des Abholens ihrem Kind ankündigt. So ist es dem AD(H)S-Kind besser möglich die Information setzen zu lassen, um sich darauf einstellen zu können. Hypies sind angewiesen auf Rituale, da gleichgeartete Abläufe Sicherheit und Verlässlichkeit bieten.

Auch Pädagogen werden ähnliche Situationen erleben. Wenn in einer Klasse meist Frontalunterricht üblich ist

und Sie als Lehrerin ohne Ankündigung vor Unterrichts-
beginn umräumen, sodass die Tische für Vierergruppen
zusammen stehen, kann es sein, dass Klein-Hypie darauf mit anfänglichem Protest und Unmutsbekundungen
wie: „Was ist denn hier los?" reagiert. Haben Sie die Kinder am Vortag auf das Umräumen vorbereitet, eventuell
noch mit den hinweisenden Worten:

„Morgen werden wir etwas sehr Spannendes durchführen, so etwas wie ein Experiment und vielleicht räume
ich sogar das Zimmer um ...", schlagen Sie zwei Fliegen mit einer Klappe. Sie kündigen eine Veränderung
an, worauf sich ein Hypie einstellen kann, Sie wecken
die Neugier und damit die Motivation, eine „lebenswichtige" Voraussetzung für Betroffene, die bedeutend
ist für den bereits beschriebenen Hirnstoffwechsel.
Die Auswirkungen des Abweichens von Ritualen spüren
Pädagogen auch im Verhalten der Hypies und eventuell
auch der anderen Kinder nach Wochenenden oder Ferien.
Ungehaltene Reaktionen werden Sie als Pädagoge
eventuell ebenfalls erleben, wenn durch Ausfall von Kollegen der Stundenplan verändert werden muss oder sogar Zimmerwechsel nötig sind.

Für viele Nicht-AD(H)S-Kinder (ich schreibe bewusst
nicht „normale" Kinder, weil AD(H)S-Betroffene in der Regel auch „normal" sind, wenn dies auch manchmal nicht
unbedingt sichtbar wird ...) kein Problem, Hypies tun sich
damit aus geschilderten Gründen aber oft schwerer. In
diesem zuletzt geschilderten Beispiel wäre es allerdings
unter Umständen eher bedenklich, wenn Sie den Ausfall
Ihrer Kollegin ankündigen könnten.

In anderen Situationen erweist sich nicht nur die Ankündigung einer Veränderung bei Abläufen als günstig, sondern auch, wie erwähnt, beim Erteilen von Aufgaben.

Es kann wirkungsvoller sein, wenn Sie als Eltern beispielsweise vor den Mahlzeiten sagen: „Phillip, Kevin
oder Chantall … wir essen in fünfzehn Minuten." Dies
sollten Sie nicht von der Küche zum Kinderzimmer ru-
fen, da ein Hypie, wie schon bemerkt, Außensteuerung
benötigt. Das heißt in dem Fall, dass Sie sich Kraft und
Nerven erhalten können, wenn Sie direkt zu dem Kind
gehen, es anschauen, dabei leicht an Schulter oder Arm
berühren und dann Ihre Aufgabe erteilen. Symptomatisch ist bekannt, dass Hypies durch innere und äußere
Reize abgelenkt sind oder eben nicht zuhören. Das kann
auch im Augenblick des zum Essen Rufens der Fall sein.
Deshalb erweist es sich als außerordentlich nutzbrin-
gend, wenn Sie vom Kind wiederholen lassen, wann Sie
essen. Somit vergewissern Sie sich, dass Ihr Kind Ihre
Aussage wirklich verstanden und nicht nur irgendetwas
gehört hat.

Kann Ihr Kind Ihnen sagen, wann das Essen geplant ist,
wird es vorteilhaft sein, kurz vor dem geplanten Zeitpunkt
noch einmal dezent zu erinnern, eventuell signalgebend
durch einen Kurzzeitwecker, um danach endgültig zu sagen: „Kevin, jetzt essen wir.". Dann ist „jetzt" auch jetzt!
Mit großer Wahrscheinlichkeit wird Ihr Kind nach dem
beschriebenen Ablauf zum Tisch kommen.

Sollte nach genau diesem Vorgehen der Sprössling nicht erscheinen, wäre es einen Versuch wert,
zu ihm zu gehen und ihn ohne Sarkasmus oder

Ärger „abzuführen". Nicht immer, aber immer öfter wird es gelingen, weil die Struktur im wahrsten Sinne von außen (und nach Ankündigung) erfolgt. Bei der Erteilung von Aufträgen an das Kind erweist es sich außerdem als sehr vorteilhaft, immer nur eine einzige Aufgabe zu benennen, unabhängig vom Alter des Kindes.

Auch hierzu einige verdeutlichende Beispiele, wenn mehrere Dinge erledigt werden sollen:

Als Eltern möchten Sie von Ihrem Nachwuchs, dass er oder sie in den Keller geht, um beispielsweise Kartoffeln zu holen. Da er auf dem Rückweg unweigerlich am Briefkasten vorbeigeht, bitten Sie ihn gleich die Post mitzubringen und außerdem vom Untermieter das deponierte Versandhauspaket. Viele von Ihnen werden die folgenden möglichen Reaktionen eines AD(H)S-Kindes bestätigen.

Es könnte erstens sein, Sie formulieren die drei wirklich einfach zu erfüllenden Aufgaben und das Kind verlässt hochmotiviert Ihre Wohnung. Möglicherweise klingelt es nach wenigen Minuten an der Tür, Ihr Kind steht mit großen Augen davor um zu fragen: „Was soll ich eigentlich machen?", ein Zeichen dafür, dass es zwar etwas gehört, aber eben nicht wirklich verstanden hat. Deshalb ist es so enorm wichtig sich vom Kind wiederholen zu lassen, was zu tun ist.

Eine zweite mögliche Reaktion könnte sein, Ihr Kind verlässt, nachdem Sie Ihre drei Anliegen geäußert haben, in Richtung Keller die Wohnung, um die Kartoffeln zu holen, die es Ihnen freudestrahlend überreicht. Das heißt, die Post liegt noch im Briefkasten und auch das Paket ist noch im Besitz Ihres Untermieters.

Wie kann das sein, werden Sie fragen?

Obwohl Sie drei Aufgaben genannt haben, ist die Wahrscheinlichkeit groß, dass das Kind, bedingt durch seine Spontanität, nach der ersten gestellten Aufgabe sofort mit der Umsetzung beginnt und die beiden letzten Aufträge nicht mehr gehört werden.

Eine dritte Reaktionsmöglichkeit könnte sein, Ihr Kind lauscht den drei erteilten Aufgaben, verlässt die Wohnung und klingelt bei Ihrem Untermieter, um sich nach dem Paket zu erkundigen. Ein erschwerter Zugriff auf den Arbeitsspeicher bedingt eine andere Gedächtnisleistung, wie anfangs erwähnt, sodass Kartoffeln und Briefkasten vom Kind eben einfach vergessen worden sind und das trotz normaler Intelligenz. Ihr Kind erledigt die zuletzt gestellte Aufgabe, weil es entweder nicht richtig zugehört oder das Gesagte größtenteils vergessen hat. Diese Beispiele, bezogen auf Symptomatik und Auswirkungen, sollen verdeutlichen, wie wichtig es ist, über AD(H)S informiert zu sein, um sein Handeln darauf abstimmen zu können, um damit Missverständnisse zu vermeiden. Deshalb macht es sich erforderlich, um bei dem Beispiel zu bleiben, nach zeitlicher Ankündigung nur eine einzige Aufgabe zu benennen, zum Beispiel: „Wenn du das Spiel zu Ende gebracht hast, möchte ich von dir, Phillip, dass du in den Keller gehst um Kartoffeln zu holen." Nach der Aufforderung sollten Sie, wie auf den vorhergehenden Seiten bereits beschrieben, das Kind noch einmal wiederholen

lassen, was zu tun ist, damit Sie überzeugt sind, dass
Ihr Kind wirklich verstanden und nicht nur etwas gehört hat. Soweit, so gut, jedoch ist dies noch nicht alles.
Ein Aufgabenerteilen erfordert in jedem Falle und unbedingt eine Kontrolle und eine Honorierung. Sich
bedanken oder anerkennende Mimik oder ..., Ihrer Fantasie sind diesbezüglich keine Grenzen gesetzt. Wichtig allein ist die Rückmeldung für Ihr Kind,
auch bei scheinbar ganz normalen, profanen Dingen.
Nehmen wir an, Sie beherzigen all diese Hinweise, erteilen Ihrem Kind eine Aufgabe, die nach seiner Beschäftigung von ihm zu erfüllen ist. Sie erhalten die entsprechende, Gewissheit bringende Antwort – der Auftrag
wird umgesetzt ... – meinen Sie. Was kann trotz Beachtung aller erfolgversprechenden praktischen Hinweise
dennoch passieren?
Ihr Kind, die geforderte Aufgabe im Kopf, begibt sich in
den Keller. Dort angekommen sieht es vielleicht Garten-
stühle, Fahrräder, Werkzeuge oder Getränkepackungen.
Sollte in diesem Augenblick Ihr Kind gerade Durst ver-
spüren oder Appetit auf Saft haben ... – Sie ahnen, was
kommen kann. Da das Hirn jedem aktuellen Handlungsimpuls nachgeht, das Kind leicht abzulenken ist, könnte
es sein, Tochter oder Sohn stehen vor der Wohnungs-
tür nicht mit den gewünschten, aber leider vergessenen
Kartoffeln, sondern eben mit Saft ...
Eigentlich setzen Sie voraus, dass es zur Aufgabenerfüllung kommen müsste, da Sie sicher alles
AD(H)S-Typische abgearbeitet haben, aber AD(H)S bedeutet eben trotzdem Ablenkbarkeit, Vergesslichkeit und

nicht Bösartigkeit oder Provokation. Ihr Kind war mit großer Wahrscheinlichkeit wirklich guten Mutes und wollte
Ihren Auftrag erfüllen, aber sein Hirn folgte leider dem
noch interessanteren Impuls, und der hieß „Saft" beziehungsweise „trinken".

Die entscheidende Frage ist nun, wie reagieren Sie?
Wahrscheinlich schläft Ihnen kurzzeitig das Gesicht ein,
was dem Kind natürlich nicht entgeht. Vielleicht sagen
Sie, vom Tag gestresst und genervt, mit verdrehenden
Augen: „Kannst du dir nicht einmal von hier bis zum Kel-
ler merken, was zu tun ist?" oder: „Mein Gott, was soll-
test du nach oben holen?". Darauf hin kann es sein, dass
Ihr Kind verunsichert, nachdenklich oder verärgert wirkt
und entsprechend gehalten oder ungehalten reagiert.
Fakt ist, die Kartoffeln liegen noch im Keller! Egal, ob
Sie meckern oder nicht, daran wird sich nichts ändern.
Stimmungserhaltend für beide Seiten wäre eine gelas-
sene, humorvolle Reaktion Ihrerseits, wie zum Beispiel:
„Schön, dass du gleich an etwas zu Trinken gedacht hast.
Hole jetzt bitte noch die Kartoffeln." Diese Worte sollten
möglichst eindeutig ohne enttäuschten Klang oder Ironie
bei Ihrem Kind ankommen, was im Alltag sicher nicht im-
mer leicht ist, aber eben sehr vorteilhaft.

Das Aufräumen des Kinderzimmers wird sich ab und zu
ebenfalls schwierig gestalten, auch hier gilt, eine Aufgabe nach der anderen. Wenn Sie Ihr Kind zum Aufräumen schicken, ist es möglich, dass es nach einer halben
Stunde, wenn Sie nach ihm schauen, gerade dabei ist,
sein Auto spielend fortzubewegen. Auf Ihren Hinweis:
„Du solltest doch aufräumen.", werden Sie eventu-

ell hören: „Mach ich doch!". Für Ihr Kind ist es wirklich Aufräumen, denn wie Sie wissen, folgt das Hirn jedem aktuellen Handlungsimpuls und somit bedeutet ‚Auto' – fahren! Das Spiel setzt sich fort. Besser wäre in diesem Zusammenhang, Sie strukturieren helfend oder stehen im Türrahmen und Sie geben vor: „Jetzt alle Autos hierhin", „Lego in die Kiste", „Malsachen dorthin." und so weiter. Bei uns hatte es sich als sehr günstig erwiesen, Spielsachen thematisch in Kisten zu sammeln, so war das Chaos in den Schränken überschaubarer.

Abläufe vorzugeben und deren Einhaltung zu kontrollieren bietet sich auch bei Morgen- oder Abendtoilette an. Ist sich der Sprössling im Bad selbst überlassen, kann es sein, ein Endlosakt beginnt, wobei Spiegel mit Zahnpasta, Waschbecken mit Creme verziert werden, ohne dass die Zähne oder die Haut des Kindes davon etwas abbekommen. Frustfreier kann die Prozedur ablaufen, indem Sie ganz klar nacheinander vorgeben: „Jetzt Hände waschen, Gesicht waschen, Zähne putzen …!" Obwohl es auch ziemlich nervt, geht dieser Akt aber meist zumindest schneller über die Bühne.

Unter der Rubrik: „Aufgabenstellung" noch einige Beispiele für den Schulalltag:

Mit zunehmendem Alter werden Aufgaben zwar komplexer, aber auch hier sind Außensteuerung beziehungsweise Struktur gewinnbringend.

An einem Beispiel aus dem Deutschunterricht soll dies verdeutlicht werden:

Die Aufgabe der Schüler ist es, einen Text abzuschreiben, alle Substantive rot, die Verben grün zu unterstreichen und die Adjektive alphabetisch geordnet in eine Tabelle einzutragen. Die altersmäßig erfüllbare Aufgabe ist gestellt, die Schüler beginnen – wenn Klein-Hypie zugehört hat – auch er. Bei seiner Aufgabenerfüllung können mehrere Möglichkeiten umgesetzt werden. Analog dem häuslichen Beispiel ist es erstens denkbar, dass das Kind mit dem Textabschreiben beginnt. Sobald dies in seinen Augen beendet ist, fällt der Stift unüberhörbar auf den Tisch, eine Reaktion der Erleichterung könnte folgen. Daraufhin schaut sich das Kind in der Klasse um und ist erstaunt, dass seine Klassenkameraden noch schreiben. Er schafft es eigentlich selten Erster zu sein – aber heute hat es optimal geklappt – meint er. Irgendwann bemerkt er, dass die anderen mit rotem beziehungsweise grünem Stift hantieren. Komisch, denkt er sich und kann dies für sich auch nicht einordnen. Ihnen, als Lehrer fällt auf, dass Ihr Pappenheimer bereits fertig zu sein scheint. Zumindest steht ein Text auf seinem Blatt. Sicherheitshalber fragen Sie aber nochmals nach: „Hast du alle Substantive rot, die Verben grün unterstrichen und …?". Spontan wird Ihnen vielleicht der Hypie das Wort abschneiden und ungläubig äußern: „Was denn rot und grün?".

Wieso diese Reaktion, werden Sie sich fragen? Das AD(H)S-Kind hörte „Text abschreiben" – und begann ohne bis zum Ende zuzuhören, was typisch für seine Auffälligkeit ist. Es kann sein, es fängt verbal oft geschickt an zu diskutieren. Daraufhin sollten Sie, um grauen Haaren vorzeitig vorzubeugen, nicht einsteigen. Eine zweite Möglichkeit für die geschilderte Situation könnte sein, dass der Hypie ausladend, schwungvoll und natürlich ohne Lineal, da dies längst verloren gegangen ist, beginnt eine Tabelle zu zeichnen. Auf Ihre Frage: „Was soll das?" wird er das von Ihnen zuletzt Gehörte wiederholen – nämlich eine Tabelle zeichnen – ... Genau kann er es Ihnen wahrscheinlich nicht sagen, denn er hat auf Grund seiner Aufmerksamkeitsschwäche ja nur einen Bruchteil der Aufgabe wahrgenommen. Seine Reaktion, die jetzt nach Ihren Worten der Verwunderung, Enttäuschung oder Ihrer Verärgerung folgt, könnte im Extremfall in Form von Vorwürfen, Herumkaspern, Verweigerung, Beschimpfungen oder Resignation – immer der „Blöde" zu sein – ausfallen. Das wiederum ist für Sie nur schwer nachvollziehbar, denn die anderen Schüler haben die gleiche Aufgabe erhalten und arbeiten sie mehr oder weniger sorgfältig ab. Wieso dieses Kind nicht? Die Antwort liegt auf der Hand. Aufmerksamkeitsschwäche beziehungsweise Impulsivität bedingen einen adäquaten symptomangepassten Umgang, in den geschilderten Situationen gleichbedeutend mit Außensteuerung und Struktur. In diesem Falle könnte die Aufgabe zwar für die Klasse komplex erteilt werden, wobei die Unterpunkte von erstens bis viertens vorteilhafterweise an der Tafel zur Orientierung notiert werden sollten. Das AD(H)S-Kind könnte gezielt nach den Aufgaben befragt beziehungsweise strukturiert aufgefordert werden, erstens bis viertens zu erledigen. Somit ist die Chance einer entsprechenden Aufgabenbewältigung um einiges größer. In diesem Zusammenhang sei darauf hingewiesen, dass es nicht nur in der geschil-

derten Situation von Vorteil ist, ein AD(H)S-Kind möglichst in der ersten Reihe zu platzieren. Damit sind Sie
als Lehrer schneller bei dem Kind und können frühzeitig
intervenieren, was sich auch bei Klassenarbeiten oder
Tests für den Betroffenen als außerordentlich günstig
erweisen kann. Das Schreiben einer Kontrolle erfordert
ebenfalls, wie schon an anderer Stelle erwähnt, Struktur und Steuerung von außen. Als Lehrer konnten Sie
sicher schon öfter beobachten, dass ein AD(H)S-Kind,
bevor es mit seiner Arbeit überhaupt beginnt, erst einmal schaut, was es um ihn herum in der Klasse so alles Interessantes gibt. Je weiter hinten ein Betroffener
im Klassenzimmer sitzt, um so interessanter für ihn.
Wer hat frisch gegelte Haare oder neue Markenklamotten, oder, oder, oder...? Wenn er dann endlich beginnt,
kann es zum einen sein, dass sein Nachbar bereits Frage drei beantwortet und zum anderen, dass das zuerst
geschriebene Wort durchgestrichen wird, weil es auf
Grund der Unkonzentriertheit falsch geschrieben wurde.
Generell sind Reinschmieren, Überschreiben oder eben
Durchstreichen an der Tagesordnung. Bemerkt der Hypie dann, nachdem er dank günstiger Umstände mit der
Beantwortung der Fragen endlich begonnen hat, dass er
zum Beispiel die Aufgabe vier nicht lösen kann, verharrt
er bei dieser Aufgabe und es vergeht wertvolle Zeit, die
am Ende fehlt. Er zeichnet vielleicht Nummer vier mehrfach auf dem Papier, der Bank oder den Händen nach,
schafft es, bedingt durch seine mangelnde Selbststeuerung, aber nur selten mit der nächsten Aufgabe zu beginnen. Erst, wenn zehn Minuten vor Abgabe der Arbeit der

Lehrer auf die noch verbleibende Zeit verweist, könnten chaotisch hektische Überreaktionen mit vielen Schusselfehlern die Folge sein und das Ergebnis wäre nicht zufriedenstellend beziehungsweise entspräche nicht dem eigentlichen Leistungsvermögen. Bei vorhandener Selbststeuerung käme es wahrscheinlich auf Grund des geringeren Zeitdrucks zu weniger Flüchtigkeitsfehlern und damit zu besseren schriftlichen Resultaten.

Sitzt das AD(H)S-Kind günstigerweise in der ersten Reihe, können Sie es besser unterstützen, indem Sie dezent eingreifen, ohne es den anderen vorzuführen. Sie können verbal intervenieren und ihm vermitteln, dass es nach der eventuell von ihm nicht zu lösenden vierten Aufgabe auch noch eine Aufgabe fünf gibt. Dieser kurze, strukturierende Impuls kann schon genügen, um Ärgeres zu vermeiden.

Bei der vorgeschlagenen Sitzposition im Klassenraum wird es Ihnen auch besser möglich sein, bei Abgelenktheit oder Träumereien nonverbal zu agieren, mit oft größerer Wirkung als mit permanentem Reden. Häufig genügt schon ein Kopfdrehen in die Richtung, in der die Musik gerade spielt, ein Seitenaufschlagen im Lehrbuch, ein Wegnehmen des laute Geräusche verursachenden Stiftes, ein beruhigendes Handberühren bei Fingergetrommel beziehungsweise entsprechende Mimik und Gestik. Dieses nonverbale Eingreifen mit Körperkontakt setzt allerdings eine gute Lehrer-Schüler-Beziehung voraus. Ansonsten könnte es sein, Ihr Arm wird sehr derb mit entsprechenden begleitenden Äußerungen abgewehrt. Wenn Ihr AD(H)S-Kind aber im hinteren Teil des

Klassenzimmers sitzt und Sie wollen helfend nonverbal eingreifen, müssen Sie öfter quer durch den Raum
„schießen". Zwar wäre dies für die Bewegung gut und
vielleicht auch der Figur dienlich, aber den Mitschülern
würde nicht entgehen, dass Sie öfter zu Ihrem „Problem-
kind" laufen. Die Folge könnten ablehnende Bemerkungen in Richtung des Hypies sein oder verächtliche Witz-
chen auf Kosten dieses Schülers, was für seinen Selbstwert nicht unbedingt aufbauend wäre.

In dieser Rubrik sollte ein weiterer Punkt nicht unerwähnt
bleiben.

Sicher können Sie sowohl als Lehrer als auch als Eltern
beobachten, wie das AD(H)S-Kind gedankenversunken
oder gelangweilt irgendwelchen, scheinbar sinnlosen,
unüberlegten Tätigkeiten nachgeht. Zu Hause könnte
dies Beschmieren oder Stempeln von Wänden bedeuten
oder das Abzuppeln einer Naht an der Tischdecke oder
mit einem spitzen Gegenstand ein Muster in die Couch
stechen oder, oder, oder …

Ähnliche Beispiele gibt es im schulischen Bereich. Wenn
sich ein AD(H)S-Kind, aus welchen Gründen auch immer, gelangweilt fühlt, können heftige Dinge passieren,
wie Tische bekritzeln, Hefte „verzieren" oder Radiergummis zerbröseln, wofür die Ursache im Symptom der
Impulsivität liegen kann. Nachstehende folgenschwere
Situation fand im Geometrieunterricht einer Klasse statt.
Eine zu lösende Aufgabe erforderte die Zuhilfenahme
eines Zirkels, den Klein-Hypie bei seiner chaotischen
Ordnung im Ranzen nicht finden konnte. Logischerweise
war ihm auf diese Art eine Beschäftigung mit der ent-

sprechenden Aufgabe nicht möglich. Anfänglich kein Problem, da es in der Klasse jede Menge reizvolle Dinge zu sehen beziehungsweise zu kommentieren gab. Da keine oder nur wenige Reaktionen von seinen Mitschülern zurückkamen, widmete sich Klein-Hypie interessiert seiner Stiftebox, raschelte und klapperte und sah eine silberglänzende Schere. Dieses Objekt der Begierde entnahm er lautstark und imitierte Schnittbewegungen in der Luft, was auf Grund des Geräuschpegels keinem entgehen konnte. Ermahnt von der Lehrerin zerschnitt er nicht mehr nur die Luft, sondern drehte in Augenhöhe die Schere schwungvoll um den Zeigefinger, der im Griff steckte. Von der Pädagogin erneut zurechtgewiesen und auf die Gefahr seiner Tätigkeit aufmerksam gemacht, überlegte das Kind abermals, was dieses schneidende Gerät noch alles zu bieten hat. Es schaute in der Gegend herum und sein Blick blieb am gewölbten blonden Pony seiner Nachbarin hängen ... Der Impuls für sein AD(H)S-Hirn hieß „schneiden", und ehe sich das Mädchen neben ihm versah, rieselten ihre Ponyhaare zum Entsetzen aller leise auf die Bank. Durch die Reaktion von Klasse und Lehrerin erstarrte der Verursacher, denn er hatte sich morgens nicht vorgenommen dem Mädchen die Haare zu schneiden, jedoch war der Impuls leider schneller umgesetzt als er denken konnte. Was dann folgte, ist leicht vorstellbar und die Stunde war ohnehin gelaufen.

Die Schlussfolgerung daraus sollte im günstigsten Falle sein, bei fehlenden Arbeitsmitteln eine andere Aufgabestellung für den Hypie zu finden, um Langeweile zu vermeiden, natürlich mit entsprechender Konsequenz.

Struktur, Außensteuerung und Kontrolle sind auch bei der Erteilung der Hausaufgaben unablässig, und auch dies unabhängig von der Klassenstufe des Kindes. Es ist durchaus vorstellbar, dass diese Aussage bei einigen Kollegen zweifelnde oder sogar gegenteilige Gedanken aufkommen lassen. Ich möchte den Versuch unternehmen, Ihnen einige Zusammenhänge diesbezüglich zu erläutern.

Ich glaube, es gibt einige Kinder, die den eigentlichen Sinn einer Hausaufgabe nicht unbedingt erkennen und sie als ätzende Zeitverschwendung deklarieren. Unter die genannten Kinder wird ein Großteil der Hypies fallen. Bevor er überhaupt begreift, dass er für sich selbst lernt, hat Klein-Hypie höchstwahrscheinlich die Schule schon verlassen. Die Gründe dafür sind vielfältig und am Anfang des Buches bereits erwähnt. Dass ein AD(H)S-Kind von sich aus die zu Hause zu erledigenden Aufgaben ins Hausaufgabenheft einträgt, ist sehr unwahrscheinlich. An das Nichteingetragene kann sich das betroffene Kind zu Hause aber auch leider nicht erinnern, die Folge liegt auf der Hand …

An dieser Stelle heißt Struktur, günstigerweise die Aufgabe im Unterricht eintragen zu lassen und, was noch wichtiger ist, die Eintragungen zu kontrollieren. Der Kontrolleur muss nicht zwingend der Lehrer sein, der Banknachbar, ein Freund oder vielleicht ein „Patenschaftskind" können diese Rolle übernehmen. Auf diese Art und Weise ist dem Kind wenigstens die Grundvoraussetzung gegeben, den schulischen Pflichten zu Hause überhaupt nachkommen zu können. Wenn vorteilhafterweise bei

AD(H)S adäquat mit diesem geschilderten Fakt umgegangen wird und die Aufgaben konnten erledigt werden
– was dann?

Kontrolle und Rückmeldung, möglichst mit positiven
Optionen, zumindest das Bemühen honorierend, wären sehr günstig. Darauf gehe ich später nochmals ein.
Wenn auf die Hausaufgabe keine Rückmeldung erfolgt
und unter Umständen der Hypie nicht weiß, wofür er sie
überhaupt erledigt hat, sinkt seine Motivation, was entsprechendes Verhalten nach sich ziehen kann. Ähnlich
sieht es bei der Erfüllung von Langzeitaufgaben, wie das
Anfertigen von Herbarien, Wandzeitungen, Hausaufsät-
zen oder Ähnlichem, aus.

Eine Eintragung vorausgesetzt, wird eine auf lange Zeit
zu erledigende Aufgabe am letzten Tag beziehungsweise in der letzten Nacht vor Abgabe erledigt. Unter In-
sidern wird dies, wie anfangs erwähnt, „Verschieberitis"
genannt. Nur vorgegebene Struktur und entsprechende
Kontrolle können vorbeugen beziehungsweise helfen-
den Einfluss haben. Bleiben wir bei dem Beispiel eines
Hausaufsatzes.

Steht der Termin der Abgabe fest, wäre es einem Hypie sehr dienlich, weitere strukturierende Termine für
Gliederung, Einleitung, Hauptteil, Schlussteil festzule-
gen, natürlich durch Kontrolle des Erledigens. Nur so
kann ein Betroffener einhundertprozentig seine Leistung
abrufen, wenn er dazu bereit ist. Es versteht sich von
selbst, dass eine Garantie natürlich ausgeschlossen ist,
aber die Wahrscheinlichkeit einer Erfüllung ist zumindest
bei geschildertem Vorgehen größer. Außerdem sind Sie

als Pädagoge auf diese Andersartigkeit von Hypies eingegangen und dies ist ein Schwerpunkt von Integration
und Inklusion – bedeutungsvolle aktuelle Schlagwörter.
Ich weiß, dass einige Kollegen das anders sehen, damit
kann ich zwar leben, aber für einen Hypie wird es sicherlich schwieriger. Wenn ein Lehrer am Ende der Stunde,
und das habe ich auch aus Unwissenheit um die Thematik oft getan, mündlich die Hausaufgabe bekannt gibt
oder schnell an die Tafel skizziert mit den Worten: „Tragt
es euch in der Pause ein.", werden dies nicht alle bewältigen können. Ist der Hypie dem unterrichtenden Lehrer
wohl gesonnen, nimmt er sich höchstwahrscheinlich vor,
die Eintragung in der Pause zu realisieren, aber ...
Sobald sich die Tür des Klassenzimmers öffnet, strömen
tausende interessantere Dinge auf den Hypie ein. Obwohl er, wenn auch nur dem Lehrer zuliebe wirklich vor
hatte, die Hausaufgabe einzutragen, überlagern diesen
Gedanken viele andere Reize. Das Gehirn geht diesen
anderen Impulsen nach und das Kurzzeitgedächtnis run-
det im Vergessen die Sache ab.
Dem, der all diese genannten Fakten verinnerlicht hat
und sie versucht umzusetzen, wird sicher spätestens
jetzt sehr bewusst, was die häufig gepriesene Freiarbeit für Hypies bedeutet. Ich bin überzeugt, dass es in
der Pädagogik keine einzige Methode gibt, von der jedes Kind gleichermaßen profitiert. Dies bezieht sich
natürlich auch auf die Freiarbeit. Ohne Struktur ist das
AD(H)S-Kind dabei hoffnungslos verloren, weil es für
sich gar nicht entscheiden kann, wo es beginnt und was
wichtig beziehungsweise unwichtig ist.

Ein letztes Beispiel zum Thema Struktur:

Bei einer Befragung von Lehrern nach größeren Auffälligkeiten bei AD(H)S-Kindern im Unterricht beziehungsweise in der Pause lautete die Antwort – Gott sei Dank
– häufig: „In der Pause.". Da in dieser den Kindern oft
Struktur fehlt, hüpfen sie von Reiz zu Reiz und sind völlig
überfordert. Überdrehtes, wildes, unkontrolliertes Agieren ist oft die Folge.

Was die Umsetzung der bereits angesprochenen Inklusion an Regelschulen anbelangt, habe ich allerdings
eine recht kritische Sichtweise, nicht Inklusion an sich
betreffend. Nur bin ich der Auffassung, dass ein Lehrer
mit achtundzwanzig Schülern in der Klasse keine Wun-
der vollbringen kann, vom Zaubern ganz zu schweigen.
Wie soll er bei dieser Klassenstärke Körperbehinder-
te, Hochbegabte, Lernschwache, Migranten mit wenig
Deutschkenntnissen, AD(H)S-ler und andere Auffällige
beziehungsweise Andersartige unter einen Hut bringen?
Ein Professor, dessen Name mir entfallen ist, definier-
te die Situation eines Lehrers vielleicht provokant, aber
doch irgendwie treffend:

„Gerecht soll er sein, der Lehrer, und zugleich menschlich
und nachsichtig, straff soll er führen, doch taktvoll auf jedes Kind eingehen, Begabungen wecken, pädagogische
Defizite ausgleichen, Suchtprophylaxe, Aids-Aufklärung
betreiben, auf jeden Fall den Lehrplan einhalten, wobei
hochbegabte Schüler gleichermaßen zu berücksichtigen
sind wie begriffsstutzige.

Mit einem Wort:

Der Lehrer hat die Aufgabe, eine Wandergruppe mit Su-
persportlern und Behinderten bei Nebel durch unwegsa-
mes Gelände in nord – südlicher Richtung zu führen, und
zwar so, dass alle bei bester Laune möglichst gleichzeitig an drei verschiedenen Zielorten ankommen."

Zusammenfassung zu Außensteuerung und Struktur

- Aufgaben und Veränderungen ankündigen
- Nie mehr als eine Aufgabe stellen und
  rückvergewissern, ob sie verstanden wurde
- Aufgaben kontrollieren und Bemühungen
  honorieren
- Feste Rituale
- Körperkontakt und nonverbales Eingreifen
- Langeweile vermeiden

Regeln und Konsequenzen

Wenden wir uns nun einer zweiten Säule im Umgang mit den AD(H)S- betroffenen Kindern zu
– ich nenne sie Regeln und Konsequenzen.
Sowohl jedem Pädagogen als auch den meisten Eltern
wird einleuchten, dass Regeln im gemeinschaftlichen
Miteinander unumgänglich sind. Ob im Straßenverkehr,
im Sport, in der Gesellschaft, in Gruppen, im täglichen
Leben – überall stoßen wir auf Regeln beziehungsweise bei Nichteinhaltung dieser auf Konsequenzen, aus-

gesprochen von Schiedsrichter, Staatsanwalt und eben hoffentlich von Pädagogen beziehungsweise auch von Eltern. Was Regeleinhaltung anbelangt, profitieren Kinder generell am meisten, wenn Vater und Mutter an dem gleichen Erziehungsstrang ziehen, was in einigen talentfreieren Familien einfacher gesagt als getan ist. Wenn eine Mutter beispielsweise dem Kind etwas verbietet, wäre günstig, auch der Vater, selbst wenn er anderer Meinung sein sollte, würde dem Nachwuchs gegenüber die gleiche Aussage treffen. Dieses Vorgehen scheint dem Kind im Augenblick vielleicht zu streng, aber langfristig gesehen bietet es Sicherheit, ist verlässlich und somit profitabel für Kinder. Was für Familie, die kleinste Zelle der Gesellschaft zählt, sollte auch für die große Schar der Lehrer an einer Einrichtung zählen. Ich weiß, ich treffe damit wahrscheinlich einen wunden Punkt, da die Realität gelegentlich abweicht von dieser lohnenswerten Zielstellung.

Das Regelwerk einer Schule heißt Schulordnung, die eingehalten werden sollte. Bis hierher scheint noch alles konform zu gehen. Nun gibt es aber in Dienstbesprechungen oder Beratungen manchmal zusätzlich Anordnungen, die sicher nicht bei allen Kollegen auf hundertprozentige Zustimmung stoßen, ob dies das Kaugummikauen der Schüler oder das Tragen von Basecaps im Unterricht oder andere Regeln betrifft, sei dahingestellt. In der Praxis ist gelegentlich zu beobachten, dass einige Pädagogen sich strikt an diese Anweisungen halten und kaugummikauende beziehungsweise Basecaps tragende Kinder zur Rechenschaft ziehen, andere aber großzügig darüber hinwegsehen. Was bedeutet dieses Vorgehen für Kinder?

Sie merken, dass sich die Lehrerschaft selbst nicht einig ist, fangen an zu diskutieren und Probleme sind vorprogrammiert. Selbst, wenn ein Lehrer eine ausgesprochene Regel als zu engstirnig erachtet, sollte er zähneknirschend diese „Kröte" schlucken, um seinen Schülern ein einheitliches Handeln zu demonstrieren und damit Verlässlichkeit zu schaffen.

Erinnern wir uns mit mehr oder weniger Freude an unsere eigene Schulzeit und überdenken, welche Lehrer zu späteren Klassentreffen eingeladen werden, dann sind es oft die, die streng, freundlich und gerecht aufgetreten sind. Die anderen werden im Nachhinein oft mitleidig belächelt.

Zugegeben – ein Kind wird zu Hause und in der Schule mit sehr vielen Regeln konfrontiert. Eine Grundregel im Umgang mit AD(H)S-Kindern sollte sein, weniger ist mehr. Das heißt in dem Zusammenhang, dass nur einige „lebenswichtige" Regeln, nach Prioritäten geordnet, konsequent eingefordert werden sollten, wobei dieses Unterfangen oft schwierig genug scheint. Alles andere würde sowohl Hypies als auch Pädagogen oder Eltern schlicht und ergreifend überfordern. Dazu ein paar Beispiele, beginnend mit dem häuslichen Bereich:

In einem Elterngespräch äußerte der Vater eines ziemlich schwierigen pubertierenden Hypies sehr aufgeregt, dass er es bei allem Verständnis für AD(H)S absolut nicht akzeptieren kann, dass sein vierzehnjähriger Sohn es partout nicht schafft, morgens seinen Schlafanzug zusammengelegt ins Bett zu bringen. Anfängliche Skepsis, ob er das Gesagte wirklich ernst meint, breitete sich bei mir aus, aber seine Körpersprache ließ keinen Zweifel offen. Während die morgendliche Situation mit unserem AD(H)S-Sohn vor meinem geistigen Auge vorbeizog, entgegnete ich dem sorgenvollen Vater, dass er sich doch glücklich schätzen könne, wenn sein Pubertierender nachts überhaupt einen Schlafanzug anziehen würde, und er noch begeisterter sein könne, wenn dieser in irgendeiner Form im Kinderzimmer ankäme. Am entgeisterten Blick des Vaters glaubte ich zu erkennen, dass er meinte, von mir auf die Schippe genommen worden zu sein, aber es war mein vollster Ernst. Ich unternahm den leisen Versuch, den vor mir sitzenden Mann zum Überdenken seiner getroffenen Regel zu animieren und fragte ihn, ob diese wirklich von außerordentlich großer Bedeutung für die Entwicklung seines Sohnes sei? Mit anderen Worten, ist diese Schlafanzug-Forderung sozusagen lebenswichtig für das Kind oder sind andere Regeln für Hypies wesentlich wichtiger? Dazu könnte gehören: Geht der Sohn jeden Tag und jede Unterrichtsstunde in die Schule, da Betroffene gelegentlich bestimmte Lehrer meiden, erledigt er seine Hausaufgaben? Hält er Ausgehzeiten ein, erledigt er seine häuslichen Pflichten im Sinne der Familie? – und so weiter. Dabei ist doch wahrhaftig nebensächlich, ob und wie der Schlafanzug im Bett liegt.

Genau diese beschriebene Problematik wurde in einer größeren Veranstaltung mit mehreren Eltern von AD(H)S-Kindern nochmals eingebracht, worauf die meisten Anwesenden ähnlich reagierten wie ich im Zweiergespräch mit dem Vater. Außerdem vertraten die Eltern die nervenerhaltende Meinung, dass, was Prioritäten anbelangt, der Schlafanzug ganz weit am Ende der Liste rangiert.

Ich glaube, und dabei schließe ich mich nicht aus, dass wir als Eltern gelegentlich dazu neigen, bestimmte Dinge bei unserem Kind mit Brachialgewalt durchsetzen zu wollen, wobei außenstehende Personen eine völlig andere Sichtweise darauf haben und damit andere Wertigkeiten setzen. Es ist sicher hin und wieder lohnenswert, gewisse geforderte Dinge in der eigenen Familie nach Sinnhaftigkeit beziehungsweise Sinnlosigkeit zu hinterfragen. An der Wichtigkeit von Regeln zweifelt sicher keiner, was allerdings in dem Zusammenhang eine noch viel größere Rolle spielt, ist die Reaktion bei Nichteinhaltung derselben. Konsequenz ist dabei das A und O. Auf einen einfachen Nenner gebracht heißt dies unter anderem: „wenn – dann", von Kindern oft Erpressung genannt. Wie auch immer bezeichnet, Konsequenzen sind in der Erziehung unerlässlich, wobei diese nicht nur negativ in Form von Sanktionen ausfallen sollten. Auch hierzu einige Beispiele:

Wird an ein Kind, eine von ihm nur mit Mühe und Anstrengung zu erfüllende Forderung gestellt, kann es sehr vorteilhaft sein, dem Kind eine Vergünstigung in Aussicht zu stellen. So könnte eine Forderung formuliert werden: „Wenn du das und das erledigst, lese ich dir am Abend eine Extrageschichte vor, kannst du fünfzehn Minuten länger am Computer spielen, darfst du eine gewisse Zeit

länger aufbleiben, eine bestimmte Sendung im Fernse-
hen sehen, einen Kumpel über Nacht einladen, gehen
wir am Wochenende ins Kino, Spaßbad und so weiter.
Natürlich sollte die Vergünstigung verhältnismäßig zur
Forderung stehen, altersgemäß sein und möglichst zeit-
nah erfolgen. Das Ziel einer solchen Vorgehensweise,
des in Aussichtstellens einer Belohnung, besteht darin,
den Hypie zu motivieren, ungeliebte Dinge zu tun.
Wird die Forderung vom Kind nicht erfüllt beziehungsweise die Regel nicht eingehalten, entfällt die entsprechende „Prämie". Wenn – dann – die Entscheidung liegt beim
Kind selbst. Das vom Kind so genannte Erpressungs-
prinzip begleitet uns auch als Erwachsene ein Leben
lang. Wenn ich arbeite, dann verdiene ich Geld; wenn
ich Geld habe, dann kann ich mir etwas leisten; wenn ich
ein Urlaubsziel habe, dann werde ich organisatorische
Unternehmungen starten, um mein Ziel zu erreichen und
so weiter. Ob gewollt oder nicht, dieser Zusammenhang
wird uns überall begegnen.
Es wird allerdings auch Situationen geben, die Sanktionen als Konsequenzen erfordern. Wenn zum Beispiel
Ausgehzeiten weit überschritten werden, kann der nächste
Discobesuch genau um diese eigenständig verlängerte
Zeit verkürzt werden oder vielleicht gänzlich entfallen.
Wichtig bei ausgesprochenen Konsequenzen ist, dass
sie zum einen dem Kind, in unserem Falle dem Hypie,
bei einer Handlung bekannt sind und zum anderen wirklich „durchgezogen" werden. Formulierungen wie: „Wenn
sich dein Verhalten nicht ändert, bekommst du keine
Weihnachtsgeschenke." oder „Wenn du nicht lieb bist

(was immer das bedeuten mag), kommst du ins Heim." sind wenig dienlich, da sie mit großer Wahrscheinlichkeit nicht umgesetzt werden können oder wollen. Eltern sollten nur Konsequenzen aussprechen, die wirklich umsetzbar sind, weil ansonsten der Nachwuchs schnell erkennt, dass angedrohte Dinge sich nicht verwirklichen. Wie soll das Kind motiviert sein und worin besteht dann die Notwendigkeit der Einhaltung der Regel oder Forderung. Auch hierzu ein praktisches Beispiel aus unserer Familie, welches sicher von vielen Müttern nachvollziehbar ist:

Fast jede mitteleuropäische Mutter wird ihre Familie darauf hinweisen beziehungsweise darum bitten, angeschmutzte getragene Wäsche ins Bad zu legen, um sie waschen zu können. So geschehen auch bei uns. Allerdings wurde diese Forderung von unserem damals zirka vierzehnjährigen Sohn nicht umgesetzt. Liegengebliebene, genutzte Kleidungsstücke, auf die gesamte Wohnung verteilt, ließen bei mir mehr und mehr eine gewisse Verärgerung aufkommen. Anfänglich auf das Verhalten angesprochen, erntete ich genervte Unmutsbekundungen und nichts geschah. Sicher ahnen Sie, wie sich die Geschichte fortsetzt, nämlich damit, dass ich nach einigen Tagen getragene Stücke selbst einsammelte und wusch. Irgendwann wurde mir das zu bunt, da ich merkte, es änderte sich nichts – wie auch?! So informierte ich meinen Sohn, nur noch die Sachen zu waschen, die im Bad ankommen. Außerdem fügte ich hinzu, dass ich alles, was in Wohnzimmer, Flur und anderen von uns allen genutzten Räumen verteilt liegt, in seinem Zimmer fallen lassen werde. Augenrollend wurde mein Gesagtes kopfnickend bestätigt. In der folgenden Woche kündigte ich an, am nächsten Tag waschen zu wollen, was mit „Ja, ja." beantwortet wurde. Die Waschmaschine unserer dreiköpfigen Familie war daraufhin nur zu zwei Dritteln gefüllt. Auch in der zweiten Woche vermisste ich die Kleidungsstücke unseres Sohnes im Bad. Die dritte Woche verlief ähnlich, allerdings mit dem gravierenden Unterschied, dass saubere Slips und Socken aufgebraucht waren. Um mir dies mitzuteilen baute sich unser Hypie, vor Wut schnaubend, freitags gegen sechs Uhr morgens, für mich vergleichbar mit Mitternacht, vor meinem Bett auf und brüllte, er habe keine Wechselwäsche mehr. Erstaunlich ruhig, was mich heute noch verblüfft, gab ich ihm zu verstehen, dass das so nicht stimme, da ich alle getragenen Slips und Socken im Kinderzimmer deponiert habe und er sich von den letzten drei Wochen etwas aussuchen könne. Wie erwartet folgte ein Wutanfall vom Feinsten, dem ich äußerlich gelassen gegenüberstand und meinte, er könne brüllen, toben, nackt zur Schule oder gar nicht gehen, aus dem Fenster springen (erste Etage und Wiese vor unserem Haus) oder andere Dinge vollführen – Fakt sei, er habe keine sauberen Sachen! Nach unzähligen, energieentladenden Äußerungen entschied er sich dann für Slip und Socken vom Vortag, bekam aber einen Tag später vor Ekel eine riesige Herpesblase an seiner Lippe. Yeah, dachte ich mir und war stolz auf mich, die Situation ausgehalten und die Konsequenz ohne Abweichungen umgesetzt zu haben. Dieses Vorgehen bewirkte bei unserem Sohn einiges, denn ich musste nur leise andeuten waschen zu wollen und schon war seinerseits ein Kondensstreifen in Richtung Bad zu erkennen. Nur mein Durchhalten hatte ihm die Notwendigkeit verdeutlicht, seine Wäsche ins Bad zu bringen. Solange ich nur geredet hatte, war ihm klar gewesen, dass er nur eine gewisse Geduld aufbringen musste, da Mutter die Kleidungsstücke eh einsammeln würde. Denn es wäre ja peinlich gewesen, wenn eine Nachbarin oder wer auch immer, die Unordnung sähe. Eines ist Fakt, auch wenn die Nachbarin noch so nett wäre, das Aufräumen beziehungsweise Waschen würde sie sicher nicht übernehmen. Das heißt, Durchhalten ist alles!

Konsequentes Handeln wird auch im Schulalltag nicht ausbleiben können. Wie bereits erwähnt, sind Hypies oft sehr vergesslich und verfügen deshalb nicht immer über benötigte Arbeitsmittel. Als Lehrer kann ich vielleicht einmal aushelfen, allerdings mit dem Vermerk ins Hausaufgabenheft (Kontrolle!) als Gedankenstütze für den nächsten Tag. Vergisst der Hypie wieder, nehmen wir an, seinen Zirkel, wäre es wenig lehrreich für ihn, ihm ein zweites oder drittes Mal auszuhelfen. Sollte Klein-Hypie auf Grund des fehlenden Zirkels die Aufgabe nicht erfüllen können, sollte er, um Langeweile zu vermeiden, eine andere Aufgabe bekommen. Das Versäumte ist allerdings bis zu einem festgelegten Zeitpunkt nachzuholen. Eine Eintragung ins Hausaufgabenheft und Kontrolle der gestellten Aufgabe versteht sich von selbst. Kommt der Hypie dieser Forderung erneut nicht nach, sollte eine nächste Konsequenz folgen und so weiter. Nur, wenn ich als Lehrer es schaffe, diese straffe Vorgehensweise, die auch eine gute eigene Organisation erfordert, durchzuhalten, entsteht daraus die Chance des positiven Lernens. Konsequenzen sollten sich für Schüler logisch aufbauen, was im folgenden Beispiel nicht ganz gelungen ist:

Ein Schüler sollte nach einem dreiviertel Jahr Schule einen Verweis wegen nicht erledigter Hausaufgaben erhalten, ohne dass es bis dahin für ihn irgendeine Konsequenz gegeben hatte und auch seine Eltern waren nicht informiert worden. Für den Jungen recht hart und scheinbar ungerecht, weil es doch ein dreiviertel Jahr auch ohne Hausaufgaben funktionierte …

Bei den vielen Veranstaltungen, die ich in Kinder- und Jugendeinrichtungen zur Thematik AD(H)S und den Umgang damit halte, erfuhr ich auch hin und wieder Beispiele von Teams, die Vorzeigecharakter haben, sodass ich sie Ihnen nicht vorenthalten möchte.

Im Schulalltag häufen sich vergessene Hausaufgaben, unvollständige Mitschriften, Verweigerungen von Aufgaben und Ähnliches, was im Lehrerdasein oft nervt. So haben sich einige Kollegien Gedanken gemacht, wie der Tatsache beizukommen ist. Das Ergebnis ist folgendes:

In einer Schulwoche werden zwei Stunden festgelegt, in der die Schüler die Chance haben, alle, aus welchen Gründen auch immer, nicht erledigten oder unvollständigen Aufgaben unter Aufsicht zweier Lehrer nachzuholen. Wer dieser Chance nicht nachkommt, entscheidet sich für eine weitere Konsequenz. Die Realität zeigt, dass, weil die Schüler merken, die angekündigte Konsequenz wird umgesetzt, die Klassenzimmer am Anfang des Schuljahres in diesen zwei Stunden sehr gut gefüllt sind. Die Folge kann sein, dass mit der Zeit die zwei Stunden nur noch von wenigen Kindern gebraucht beziehungsweise genutzt werden, weil die meisten ihren Aufgaben in der regulären Unterrichtszeit nachkommen. Ein Beispiel, das, vorausgesetzt die Bedingungen ermöglichen es, Schule machen sollte, denn nur vom Reden und Ermahnen wird sich wenig ändern. Natürlich bedeutet das geschilderte Vorgehen für ein Kollegium eventuell Mehraufwand, der sich allerdings die Schüler betreffend auszahlen kann.

Was den Aufwand betrifft, möchte ich noch eine andere bewährte Methode erläutern, die zur Regeleinhaltung sowohl in der Schule als auch im häuslichen Bereich genutzt werden kann und sich oft als sehr effektiv erweist, so genannte Punktepläne oder Detektivbögen.

All die bisher aufgezeigten Umgangsempfehlungen können günstigstenfalls, müssen aber nicht angewandt werden – dies liegt einzig und allein im Sinne des Betrachters. Wenn allerdings Eltern oder Lehrer mit einem erwähnten Punkteplan arbeiten, dann sind, des Erfolges wegen, nachfolgende Schritte zwingend.

Ein solcher Plan wird auf das Kind individuell abgestimmt, das heißt, ein bis zwei Regeln werden notiert, deren Einhaltung dem Kind enorm schwer fällt. Die Formulierungen sollten möglichst positiv sein, ohne die Wörter nicht und kein, weil unser Gehirn diese, wie Sie bereits wissen, in eigener Weise umsetzt. Denken Sie zum Beispiel jetzt nicht an den Eifelturm …

Was Hypies betrifft, hören sie eh nur das für sie Interessante. Einige Beispiele für mögliche Formulierungen: Wenn ein Kind sehr oft dazwischen redet, könnte eine Regel heißen: „Ich rede nur, wenn ich gefragt werde." Wenn ein Kind die persönlichen Sachen anderer entwendet: „Ich achte fremdes Eigentum." Wenn das Problem häufiges Zuspätkommen ist: „Ich erscheine pünktlich in der Schule oder zu Hause." und so weiter. In einem persönlichen Gespräch unter vier Augen werden in unserem Fall mit dem Hypie die Regeln besprochen, wobei der Betroffene sich bereit erklären sollte, sich um Einhaltung dieser zu bemühen. Alles andere, wie zum Beispiel Überstülpen von Forderungen ohne Akzeptanz des Kindes, ist zum Scheitern verurteilt. Wenn die Regeln nach dem Prinzip „weniger ist mehr" benannt sind, wird die Zeitspanne abhängig vom Inhalt der Regel pro Tag beziehungsweise pro Woche festgelegt. Empfehlenswert ist das Prinzip, je jünger die Kinder sind, desto kürzer die Zeiträume, weil sie somit besser überschaubar sind. All die Fakten müssen schriftlich in tabellarischer oder anderer Form festgehalten werden, für das Kind optisch sichtbar. Wird eine vereinbarte Regel vom Kind eingehalten, erhält es dafür einen Punkt, eine Sonne, ein Smily, einen Haken und so weiter, der auf dem Blatt vermerkt wird. Angenommen, Sie vereinbaren zwei Regeln für fünf Tage die Woche, so hieße das, Ihr Kind könnte rein rechnerisch zehn Punkte erhalten. Da es sich aber um Dinge handelt, die Ihrem Kind echt schwer fallen, sonst brauchte man keinen Punkteplan, wäre eine Erwartung von zehn Punkten eine totale Überforderung und damit keinesfalls motivierend, ganz zu schweigen vom Erfolg. In unserem Beispiel könnten zunächst fünf Punkte gefordert werden – warum und wofür eigentlich, werden Sie vielleicht fragen?

Die gleiche Frage wird irgendwann bei Ihrem Kind auftauchen. Bis dahin hat das Vorgehen noch nichts mit der Umsetzung eines Punkteplanes zu tun. Eine positive Wirkung ist erst dann zu erwarten, wenn das Kind seine verdienten Punkte et cetera gegen so genannte Token, so werden belohnende Dinge genannt, eintauschen kann. Token sollten einen Anreiz für das Kind darstellen, können, aber müssen nicht materieller Art sein, jedoch auf alle Fälle altersgemäß. Vom Sticker über Überraschungseier oder abends länger aufbleiben dürfen, gemeinsame Aktivitäten bis zu finanziellem Zuschuss ist alles möglich. Das Kind muss unbedingt im Vorfeld seine Belohnung als positive Verstärkung seines angestrebten Handelns kennen. Außerdem muss die Belohnung auf eine Auswertung des Punktestandes folgen, die möglichst immer zur gleichen Zeit stattfinden sollte. Andernfalls geht die Motivation logischerweise verloren. Hat das Kind in unserem Beispiel zirka vier bis sechs Wochen lang hintereinander diese fünf Punkte erkämpfen können, sollte das gesteckte Ziel auf sieben oder acht Punkte erhöht werden, natürlich mit viel Lob für die Anstrengung und motivierenden Worten, nach dem Motto: „Super, du hast es so lange geschafft fünf Punkte zu erreichen, ich bin mir sicher und traue dir zu, ab jetzt sieben bis acht Punkte zu erlangen." Ist erneut ein Erfolg für vier bis sechs Wochen zusammenhängend zu verzeichnen, dann könnte nochmals erhöht werden oder eine der Regeln beziehungsweise beide ausgetauscht werden.

Vorteilhaft ist es außerdem, die Möglichkeit eines Zusatzpunktes aufzustellen. Denn, wenn das Kind rein rechnerisch bemerkt, dass es sich anstrengen kann, wie es will, es in dieser Woche jedoch nicht auf die geforderte Punktzahl kommen kann, sinkt, wie schon so oft erwähnt seine Motivation und das Drama nimmt seinen Lauf. Bei der Formulierung dieses Zusatzpunktes können sich kuriose Dinge ereignen, wie bei uns selbst in der Familie geschehen:

Für unseren Sohn lautete die Erfüllung des Zusatzpunktes: „Bringe den Abfalleimer weg!" Wir werteten seinen Punkteplan immer ritualmäßig sonntags gegen achtzehn Uhr aus. Eines Wochenendes wurde unser Hypie zirka siebzehn Uhr dreißig unheimlich aktiv. Er rannte von der Wohnung zum Container, von der Wohnung zum Container ... und dies drei Mal. Auf meine Frage, was er denn da mache, meinte er: „Den Mülleimer wegbringen!" Ich sagte ihm, was er eigentlich selbst wusste, dass wir doch nur einen einzigen hätten, worauf er kühn antwortete: „Ja, aber ich brauche noch drei Punkte!" In Bruchteilen von Sekunden war meinerseits eine Reaktion gefragt und glücklicherweise erwiderte ich intuitiv: „Du bist ganz schön clever. Diese Woche bekommst du die drei Punkte, ab der nächsten Woche aber lautet die Regel: Bringe den mindestens halb gefüllten Mülleimer weg." Die fehlende Eindeutigkeit meiner zuerst getroffenen Aussage war mein Fehler und das Kind hatte sich etwas überlegt, um sein Ziel dennoch zu erreichen. Sollte ich ihn dafür bestrafen, kritisieren oder verbal runderneuern mit Worten wie: „Wie alt musst du denn noch werden, um zu wissen, dass man nur einen vollen Mülleimer wegbringt?"?

Ich glaube, mit meiner spontanen Entscheidung ohne vernichtende Äußerungen zu reagieren konnte ich möglicherweise wesentlich mehr erreichen, in jedem Fall seine Motivation zum Handeln erhöhen.

Was solche Pläne anbelangt, tauchen gelegentlich auch kleine Tücken auf.

Wenn ein Kind zum Beispiel von fünf geforderten Punkten in einer Woche nur vier erreicht hat und der momentane Tag noch dazu super verlaufen ist, sollten Sie dann auf sein Nachfragen die Belohnung umsetzen? „Es fehlt doch nur ein winziger Punkt.", was Ihnen mit großen erwartungsfrohen Augen angetragen wird, „… und heute lief es doch so gut …"

NEIN!!! Ein Zugeständnis Ihrerseits bedeutet für einen Hypie sofort Normalität und es könnte sein, er fängt in der folgenden Woche bei drei Punkten an zu feilschen. Auch hier sollte gelten: Konsequenz!

In solch einem Fall ist es wichtig, mit lobenden Worten nicht zu sparen, so zum Beispiel: „Du hast diese Woche schon vier Punkte erreicht, ich bin mir sicher, kommende Woche schaffst du diese fünf Punkte." Besser ist eine positive Option ins Hirn zu pflanzen, als sich austricksen zu lassen. Bei impulsiven Kindern kann ein Wutanfall die Folge sein, vielleicht wird der Plan sogar zerstört. Ergebnis: Null Punkte – neue Woche, neue Chance! Punktabzug sollte auch bei nachträglichem Manipulieren der Pläne die Konsequenz sein. Wenn all diese Fakten in der

Umsetzung Berücksichtigung finden, kann diese Methode sehr wirkungsvoll sein, sollte aber dennoch nicht überreizt, das heißt, nicht bei jeder Kleinigkeit eingesetzt werden.

Was die Belohnungen anbelangt, hätte es wenig Sinn, den Hypie damit im Voraus zu ködern, sie sollten vielmehr immer erst nach der erbrachten Leistung vergeben werden.

Im Hinblick auf negative Sanktionen, sollte von extremen Strafen abgesehen werden, da einer extremen Strafe oft eine extreme Gegenreaktion folgen kann. Wenn beispielsweise ein Hypie in der Schule ein nicht zu akzeptierendes Verhalten über eine längere Phase zeigt, werden die Nerven eines Pädagogen bis auf das Äußerste strapaziert. Dann kann es kurz vor Erreichen der Weißglutgrenze passieren, dass sich der Lehrer beispielsweise zu Äußerungen vor der Klasse hinreißen lässt, wie: „Ich habe es jetzt satt, du fährst nicht mit in die Jugendherberge!" Möglich, Klein-Hypie wird keck entgegnen, dass er darauf sowieso keinen Bock hat, obwohl er natürlich dem Ereignis beiwohnen möchte. Nehmen wir an, die Fahrt ist für acht Wochen später geplant, so wird das AD(H)S-Kind aus Frust über die strenge Strafe sein Verhalten nicht unbedingt positiv ändern. Allerdings zirka zwei Wochen vor der Reise, wenn das Thema die Klasse in Vorfreude stark beschäftigt und Pläne wie Nachtwanderung, Lagerfeuer, Kissenschlacht und ähnliches geschmiedet werden, wird sich das auffällige Kind möglicherweise, durch entsprechende Reizübertragung im Gehirn bedingt, motiviert recht angemessen verhalten können, ganz unauffällig eher selten. Auch Ihnen als

Lehrer fällt selbstverständlich dieser positive Wandel auf. Was machen Sie kurz vor dieser Jugendherbergsfahrt? Vor Ihnen stehen zwei Entscheidungen.

Lassen Sie den Hypie nicht an der Reise teilnehmen, wie vor der Klasse erklärt, haben Sie bei ihm einhundertprozentig die A-Karte gezogen, weil es für ihn ungerecht scheint. Resignierend könnte er zu der Einsicht kommen, dass er machen könne, was er wolle, er habe ja doch keine Chance bei Ihnen. Die Folge wäre nicht unbedingt, für sich eine positive Konsequenz daraus zu ziehen, weil er, wie gesagt, Ungerechtigkeit empfindet, sein Verhalten bliebe wahrscheinlich sehr auffällig.

Wenn Sie ihn aber auf Grund des angemessenen Verhaltens der letzten Tage den Aufenthalt ermöglichen, wird die Klasse Ihnen die A-Karte zeigen. Die ist Ihnen sozusagen in jedem Fall sicher. Die Klasse wird Ihre Entscheidung nicht nachvollziehen können und zur Auffassung kommen, dass Sie total inkonsequent sind, das, was Sie sagen, nicht durchziehen, weil „der" ja doch, egal, was der macht, mitfahren darf.

Deshalb sollte es ein grundlegendes Prinzip sein, wenn Sie ein böses Wort auf der Zunge haben, lassen Sie es liegen oder schlucken Sie es hinunter. Wie auch immer, im eigenen Zorn zu reagieren, bringt oft keine zufriedenstellende Lösung. Natürlich ist es wichtig, dem Störenfried ein Zeichen zu setzen und auf eine folgende Konsequenz hinzuweisen, aber im günstigeren Falle noch eine Nacht darüber zu schlafen, um eine extreme Strafe zu umgehen. Rutscht Ihnen aber dennoch eine zu harte Konsequenz über die Lippen, erachte ich es als ein Zeichen von Stärke, wenn Sie den Sachverhalt den Kindern erklären und zeigen, dass auch Sie kein Perfektionist sind, sondern eben nur ein Mensch und auch gelegentlich überreagieren können.

In der Praxis werden Sie zum Beispiel auf Wandertagen oder anderen außerunterrichtlichen Veranstaltungen häufig bemerken, dass sich zu solchen Anlässen ein Hypie oft von einer ganz anderen, sehr angenehmen Seite zeigt und Stärken zum Vorschein kommen können, von denen Sie möglicherweise alle profitieren. Der Hypie verspürt für sich ein Erfolgserlebnis. Je öfter ihm die Chance dazu genommen wird, desto schwieriger kann ein Miteinander werden.

Konsequenz betreffend, möchte ich noch einen Sachverhalt ansprechen, der sich sowohl im Schulalltag als auch unter Geschwisterkindern leider häufig abspielt.

Hypies übernehmen oft, meist unfreiwillig, die Rolle des Sündenbocks. Fakt ist, dass ihnen, ob aus Tollpatschigkeit, Neugier oder anderen Gründen, oft Missgeschicke beziehungsweise andere unschöne Dinge passieren. Allerdings sind sie keinesfalls der Initiator oder Organisator jeglicher Dummheiten. Klassenkameraden oder Geschwistern entgeht natürlich nicht, dass Klein-Hypie dennoch oft Blödsinn anstellt. Das wird von den anderen ausgenutzt, weil es leicht erscheint, dem Störenfried die Verantwortung für negative Dinge zuzuschreiben, egal ob es der Wahrheit entspricht oder nicht. Als Pädagogen und Eltern sollten Sie sich nicht unbedingt hinreißen lassen und Petzen Glauben schenken, wenn Sie eine Situation nicht selbst beobachten konnten. Wirkungsvoller kann die Lösung sein, sich Asche auf's Haupt zu streuen und beim nächsten Mal, zu versuchen besser aufzupassen. Sanktionieren Sie aber keinesfalls ungerecht. Dies vergisst Klein-Hypie nicht. In jedem Falle ist es zu erwarten, dass er agiert, sobald der entsprechende Impuls dazu kommt, oft zum Nachteil aller.

Zusammenfassung zu Regeln und Konsequenzen

- Einheitlicher Erziehungsstil von Mutter und Vater
- Gleiche Regeln für alle in der Einrichtung
- Wenige „lebenswichtige" Regeln konsequent einfordern
- Nutzung von Verstärkerprinzipien einschließlich Auswertung
- Natürliche Konsequenzen bei Nichteinhaltung einer Regel
- Keine Sanktionen auf Grund von Petzen
- Keine extremen Strafen

Erwartungs-haltung

Bei dem im vorhergehenden Satz genannten Wort „erwarten", bin ich bei einer der nächsten Säulen im Umgang mit Hypies angelangt, der ich mich im Folgenden ausführlicher widmen möchte:

Im Sinne des AD(H)S-Kindes ist es für Eltern und Pädagogen günstig, Betroffene nicht mit gleichaltrigen Nicht-Betroffenen zu vergleichen. Wie anfangs erwähnt, fallen beschriebene Kinder häufig durch eine sogenannte Retardierung, eine Entwicklungsverzögerung auf. Diese wird oft im Verhalten generell und im sozialen Bereich sichtbar, aber auch bezogen auf Werte und Normen.

Vergleiche mit anderen Kindern innerhalb der Familie beispielsweise bei gemeinsamen Feiern können sehr schmerzhaft und verletzend sein. So kommt es oft vor, dass Eltern daraus entsprechende Konsequenzen ziehen und familiären Events nicht immer beiwohnen, um sich und ihr Kind zu schützen.

Ich glaube, es ist günstig, aufklärende Gespräche in diesem Rahmen zu führen, natürlich nur, wenn die Gesprächspartner auch bereit und guten Willens sind, dazu zu lernen.

Erwachsene sollten um die Differenz der Entwicklung bei Hypies von anderthalb bis zu drei Jahren wissen, dies akzeptieren und somit ihre Erwartungshaltung reduzieren. Dies kann sich gleichfalls auf bestimmte Fähigkeiten und Fertigkeiten beziehen. Möglicherweise betrifft das, resultierend aus der Symptomatik, das Arbeitstempo, das Selbstmanagement, Zielstrebigkeit, Planen und Organisieren, um nur einige Punkte zu benennen. Das widersprüchliche, nicht altersgemäße Auftreten eines Hypies fällt auch unter dieser Rubrik auf.

So kann es zum Beispiel vorkommen, dass der Hals eines zirka vierzehnjährigen AD(H)S-Betroffenen von deutlichen Knutschflecken verziert ist, er aber gleichzeitig begeistert mit Matchboxautos auf dem Boden seines Kinderzimmers spielt, was von Eltern häufig kopfschüttelnd registriert wird.

Für Eltern ist es oft auch schmerzlich zu erleben, wie sie ehrgeizig, aber erfolglos versuchen, dem Kind Dinge beizubringen wie Rad- oder Skifahren beziehungsweise Schwimmen und ähnliches. Selbst wenn, in unserem persönlichen Beispiel mein Mann, mit Engelsgeduld bemüht war, unseren sportlichen Sohn in jungen Jahren die Künste des Skifahrens zu lehren, lernte er die exakte Technik erst von einem langhaarigen, kanadischen Privatskilehrer, der mit typischem Akzent deutsch sprach und das Unglaubliche vermochte. Dieser Skilehrer unternahm nichts anderes als mein Mann, aber er hatte als Außenstehender einen größeren Einfluss auf unseren Sprössling. Diesen Fakt werden viele Eltern bestätigen, da Drittpersonen einen gewissen interessanten und damit motivierenden Reiz für Hypies besitzen. Sicher reizen wir als Eltern unsere AD(H)S-Kinder auch, aber eben aus Sicht des Nachwuchses nicht unbedingt positiv. Sie fühlen sich von uns genervt, wenn wir ihnen „das Ohr abkauen", sie „zutexten" – Äußerungen, die Eltern nicht fremd sein werden.

Ähnliches werden Eltern auch bestätigen, wenn ihr verhaltensoriginelles Kind beispielsweise das Wochenende bei Oma, Opa oder anderen befreundeten Personen verbringt. Diese werden über den Schlafgast oft des Lobes voll sein und können zum Teil angesprochene anstrengende Verhaltensweisen nicht bestätigen. In manchen Familien werden unter Umständen gewisse leise Vorwürfe ausgesprochen, was Eltern ziemlich schmerzt.

Auch ich musste dies lernen, was nicht immer einfach war. Wenn ich zum Beispiel unseren Sohn aufforderte, den gefüllten Mülleimer wegzubringen, erntete ich oft: „Gleich", „Später!" und es verging eine gewisse Zeit. Äußerte aber seine geliebte Oma nur die Bitte des Müllwegbringens, rannte das Kind motiviert los.

Ein anderes Beispiel erlebten wir, was die Abendzeremonie betraf:

Zu Hause nahm diese bis zum endgültigen Einschlafen unseres Kindes trotz Rituale häufig eine sehr viel längere Zeit in Anspruch, als dies von meinen Eltern beschrieben wurde. Damals ärgerte ich mich wohl über derartige beobachtete Unterschiede, aber heute weiß ich, dass es eben „normal" für Hypies ist. So vertrete ich die Auffassung, dass Eltern, die Ähnliches erleben, wirklich glücklich darüber sein, vor allen Dingen aber der dritten Generation Glauben schenken sollten, statt sich selbst durch permanente Selbstzweifel zu vernichten.

Weitere Begebenheiten können zweifelnde Gedanken hervorrufen, und zwar auf Seiten der Eltern und der Pädagogen.

Es gibt einige Hypies, die zu Hause so auffälliges Verhalten zeigen, dass Eltern ihnen im „Betragen" eine Note fünf erteilen würden. Die Lehrer dieser Kinder hingegen können diese Einschätzungen keinesfalls teilen. Bei ihnen werden diese Pappenheimer vielleicht sogar Note zwei erhalten. Die Gedanken, die dann hinter einer Pädagogenstirn aufkeimen könnten, sind relativ logisch. Das geschilderte spezielle Verhalten zu Hause kann doch nur die Folge von fehlender Struktur und so weiter sein. Das kann der Fall sein, aber muss es nicht. Vielmehr ist es auch möglich, dass die zur Verfügung stehende

Energie besagter Kinder durch permanente anstrengende Selbstkontrolle verbraucht ist, sobald sie die Einrichtung verlassen, sodass der beschriebene Zustand eintreten kann.

Pädagogen in Schulen oder Horten können sich davon zum Teil selbst überzeugen, und zwar dann, wenn ein Hypie von ihnen als relativ unauffällig in der Einrichtung erlebt wird und sobald das Kind am Mittag oder Nachmittag vor der Tür der Einrichtung steht, es nicht wiederzuerkennen ist. Es schreit, schubst, wirft sich vielleicht sogar auf den Boden und Ähnliches.

Dieses Phänomen kann unter Umständen trotz vorhandener Erziehungskompetenz der Eltern durchaus auftreten, ein umgedrehtes Verhalten, also zu Hause unauffällig und in der Schule extrem, eher weniger.

Die Erwartungshaltung betreffend, möchte ich noch einen weiteren Punkt erwähnen. In vielen Gesprächen mit Eltern erlebe ich immer wieder, dass in dem Falle, wenn Vater und Mutter das Abitur erlangt beziehungsweise studiert haben, von dem Kind erwartet wird, dass dieses selbstverständlich ebenfalls das Gymnasium besucht. Einigen Hypies ist dies durchaus möglich, aber es wird auch Kinder geben, die trotz angenommenem Intelligenzquotienten von beispielsweise einhundertzehn an dieser Schule hoffnungslos überfordert sind. Intellektmäßig wäre es in dem erwähnten Beispiel zwar realisierbar, wenn aber der Hypie durch Retardierung starke Probleme in der Eigenstrukturierung, im Arbeitstempo und in der Anstrengungsbereitschaft aufweist, könnte ein solcher Schritt problematisch sein. Ich möchte damit verdeutlichen, dass Eltern ihrem Kind oft einen Gefallen erweisen könnten, wenn sie nicht zwingend eigene Ziele auf ihren Nachwuchs projizieren. Mir ist aus eigener Erfahrung bewusst, dass es schwierig ist zu dieser Einsicht zu gelangen. Für den Hypie jedoch ist es wichtig, nicht überfordert zu werden.

Es lässt sich sicher leicht vorstellen, wie sich ein Kind fühlt, das trotz normaler Intelligenz auf einem Gymnasium durch Lernschwierigkeiten oft Zensuren von vier bis sechs erhält, sich auf der Realschule aber eventuell durch mehr Steuerung von außen und geringere Anforderungen vielleicht bei Noten zwischen zwei und drei bewegt.

Das zweite Beispiel in dem Zusammenhang ist höchstwahrscheinlich, was Selbstwertentwicklung anbelangt, von großem Vorteil. Sollten Eltern eines Hypies irgendwann, wenn er die fünfte Klasse des Gymnasiums besucht feststellen, dass die Entwicklung eine nicht unbedingt wünschenswerte Richtung einschlägt, ist es – glaube ich – keine Schande, diesem Schüler eine Chance auf der Realschule zu geben. Allerdings ist dieser Schritt nicht als Versagen, sondern wirklich als Chance zu „verkaufen". Am Beispiel unseres eigenen Sohnes relativiert sich vielleicht auch das eben Geäußerte.

Unser Sohn wurde als ‚nicht mehr tragbar' in Klasse vier in eine alternative Schule umgeschult und nach insgesamt achteinhalb Schuljahren auch dieser Einrichtung verwiesen. Ein harter Schlag für uns beide als ausgebildeter Lehrer beziehungsweise Ingenieur. Günstige Umstände ermöglichten dann ein halbes Jahr Auszeit auf dem Bauernhof, was aber als Schulzeit angerechnet wurde. So konnte er den neun Jahren Schulpflicht mit Hängen und Würgen zwar nachkommen, aber dennoch ohne Schulabschluss, der wurde ihm erst später zuerkannt. Mag sein, dass dies in unserer leistungsorientierten Gesellschaft sicher nicht den optimalen Start ins Berufsleben darstellte. Nach Besuch einer überbetrieblichen Maßnahme aber, in der es keinesfalls problemlos lief, gelang mit Höhen und Tiefen der recht ordentliche Abschluss als Elektriker mit heutigem festen Arbeitsverhältnis – ein absoluter Triumph. Damit möchte ich allen Familien, die sich über die schulische Entwicklung ihres Kindes berechtigt sorgen, Mut zusprechen. Trotz Widrigkeiten kann ein Hypie, vorausgesetzt die sozialen Säulen wie Eltern, Lehrer und Ausbilder bleiben stark und stabil, eine positive Entwicklung einschlagen. Dabei sind allerdings enorm viel Geduld, Glauben an das Kind und ein langer Atem von größter Bedeutung. Auch ist es für alle Beteiligten wichtig zu wissen, dass Rückfälle im Verhalten vorprogrammiert sind, da AD(H)S, wie erläutert, nicht heilbar ist.

Wenn ich über Erwartungshaltungen schreibe, sollte ich auch einen Fakt erwähnen, der von Eltern oft schmerzlich erlebt wird und zwar betrifft er die geliebte Urlaubszeit. Von vielen herbeigesehnt, kann die freie Zeit mit der Familie allerdings gelegentlich nicht ganz so erholsam sein wie erhofft. Ich kenne viele Eltern, die nach dem Urlaub froh sind, wieder arbeiten gehen zu dürfen. Ich weiß, dass dies ziemlich drastisch klingt und von Außenstehenden häufig nicht nachvollzogen werden kann, weiß aber auch, dass dies in unserer Familie ebenfalls zutraf. Stark betroffene Hypies sind auf Reisen oft überfordert, durch zum Beispiel sehr viele Reize, große Menschenansammlungen bei den Mahlzeiten oder weil sie gerade andere Pläne der Freizeitgestaltung haben und nicht immer den Tagesablauf bestimmen können. In diesem Zusammenhang erinnere ich mich noch mit Sorgenfalten auf der Stirn an einen Besuch des Praters in Wien. Unser Sohn, damals zirka vier Jahre alt, konnte partout nicht verstehen, dass er auf Grund seines zarten Alters aus Sicherheitsgründen noch nicht mit all den reizvollen Attraktionen fahren durfte. Eine Katastrophe schien sich anzubahnen und der Besuch endete wirklich im Chaos. Das Kind gebärdete sich, brüllte, tobte, sodass die anderen Gäste eventuell sogar annahmen, dieses „Spektakel" gehöre zum Angebot des Parks. Am liebsten hätten wir uns weggebeamt, um dem Desaster so zu entgehen. Das ist nur ein Beispiel von Tausenden. Solange sich alles im Sinne des Kindes abspielt, kann ein Urlaub auch als angenehm empfunden werden. So sind zum Beispiel individuelle Bauernhöfe mit wenig anderen Gästen, kleine Hotels oder Pensionen mit pflegeleichten Spielkameraden oft von großem Vorteil. Natürlich bestätigen Gott sei Dank auch Ausnahmen diesen genannten Fakt.

Im Zusammenleben mit unseren Hypies wird es unter Umständen immer wieder Situationen geben, in denen wir als Eltern an unsere eigenen Grenzen kommen. Wer einen solchen Zustand auf Grund des herausfordernden Verhaltens des Sprösslings bemerkt, ist oft gut beraten, wenn er, soweit das möglich ist, die Situation vor der sich anbahnenden eigenen Explosion verlässt und seinem Partner das „bunte Treiben" in die Hände legt, um sich selbst herunter zu fahren. Das ist legitim, wird natürlich nicht immer umsetzbar sein, weil ein Partner fehlt.

Deshalb verdienen die Alleinerziehenden eines AD(H)S-Betroffenen meine absolute Hochachtung, denn die eben genannte Alternative existiert für diese Personen nicht. Egal, wie sich die Situation darstellt, sie müssen mehr oder weniger ihre Hand zum austickenden Kind ausstrecken, unabhängig von ihrer eigenen Befindlichkeit, in meinen Augen eine enorme Leistung, die allen Respekt verdient.

Für viele Hypies sind zweifellos sportliche Angebote beziehungsweise Bewegung an sich wegen der häufig auftretenden Umtriebigkeit sehr vorteilhaft. Was Sportgruppen anbelangt, erweisen sich erfahrungsgemäß gelegentlich Kampfsportarten wie Karate, Judo oder andere als günstig. Dabei ist es wichtig sich als Einzelkämpfer abzustoppen und entsprechende Regeln einzuhalten. Für AD(H)S-Betroffene ein gutes Training in vielerlei Hinsicht. Natürlich gehört auch das Auspowern dazu, um die kaum versiegende Energie abzubauen.

Da Hypies oft auch ein aggressives Verhalten in bestimmten Situationen nachgesagt wird, meinen viele Eltern und ebenso einige Pädagogen, dass, um Frust abzubauen, ein Boxsack geeignet wäre. Allerdings sollte dabei eine gewisse Vorsicht walten, denn wenn das Kind lernt, sobald es wütend wird auf den Boxsack einzuschlagen, ist die Frage, was passiert, wenn bei aufkeimendem Frust keiner zur Hand ist? Dann kann es schon sein, dass im günstigsten Falle Hauswände die Schlagkraft des „Boxers" erfahren, leider kann es allerdings noch zu heftigeren Auswirkungen kommen, nämlich dann, wenn Körperverletzung eine Rolle spielt.

Gegen den gezielten Einsatz eines solchen Boxsackes, um beispielsweise Kräfte zu messen oder frustfrei seine Schnellkraft zu trainieren, ist selbstverständlich absolut nichts einzuwenden.

Das Fazit heißt: Nicht um jeden Preis und mit jedem Mittel abreagieren, sondern gezielt ausagieren.

Zusammenfassung zu Erwartungshaltung

- Entwicklungsverzögerung (Retardierung) beachten
- Kein Vergleich zwischen Hypies und Nicht-Hypies
- Eigene Ziele nicht auf das Kind projizieren
- Keine negative Prophezeiung
- Rückfälle im Verhalten sind vorprogrammiert
- Geduld ist gefragt

Ob im Urlaub oder im Alltag, eine gewisse an den Tag gelegte Gelassenheit beziehungsweise, wie ich es nenne, ein entsprechender syndromtypischer Humor lassen Beteiligte weniger verschleißen.

Gelassenheit

Dabei fällt mir oft ein Bild von Balu im Dschungelbuch ein. Mit Ruhe und Gemütlichkeit lässt sich auffälliges

Verhalten oft besser bewältigen. Dies ist jedoch nicht selten schwieriger als gesagt. In dem Augenblick, in dem Eltern akzeptieren, dass das Kind von AD(H)S betroffen ist, scheint es zumindest leichter zu ertragen, da, wie anfangs erwähnt, der Nachwuchs es sich nicht aussuchen konnte, genauso wenig wie seine Augen- oder Haarfarbe. Von enorm großer Bedeutung ist nach meiner Einschätzung unter dem jetzt angesprochenen Punkt das Wissen um die AD(H)S-Problematik. Dies betrifft, wie bereits mehrfach erwähnt, sowohl Eltern als auch Pädagogen in allen Bereichen.

In meinen Vorträgen werde ich immer wieder darauf angesprochen, wie wertvoll Aufklärung und Umgangsempfehlungen für Beteiligte sind, um durch Ursachen- und Symptomkenntnis adäquater mit den Betroffenen umgehen zu können. Hierzu einige Beispiele:

Wenn Hypies im Frust Erwachsene verbal heftig attackieren, dann schmerzt dies sehr und geht oft bis ins Mark. Wie aber bereits bei der Schilderung der Symptomatik unter Impulsivität erwähnt, meinen betroffene AD(H)S-Kinder die im Kreuzfeuer stehenden Personen nicht unbedingt persönlich. Die Frage, die sich stellt, lautet natürlich, wie kann ich damit umgehen?

Werden Eltern beschimpft, vorausgesetzt Geschwisterkinder sind nicht zugegen, hat es sich häufig bewährt, das Gesagte, obwohl dies nicht leicht fällt, zu ignorieren. Auf jeden Fall sollte man es nicht persönlich nehmen. Nach derartigen verbalen Entgleisungen beruhigt sich in der Regel der Hypie recht schnell wieder. Es kann sogar möglich sein, dass Sie, als Mutter, mit „Nutte" oder „doofe Kuh" beschimpft worden sind und zehn Minuten später vom sonnigen Kind total locker gefragt werden, wann es denn das nächste Taschengeld gibt …

So zum Beispiel bei uns geschehen. Natürlich schwoll in solchen Augenblicken auch mir der Hals, aber ich musste erkennen, dass das Kind, nachdem die erregungsauslösende Situation vorüber war, sich unheimlich schnell beruhigte und es ohne nachtragendes Verhalten zum normalen Tageston überging. An dieser Stelle sei erwähnt, dass es generell wenig sinnvoll scheint, im eigenen Zorn zu reagieren, da eine Überreaktion mit eventuell schwer umzusetzenden Konsequenzen recht wahrscheinlich sein könnte.

Wenn im Klassenverband oder anderen Kindergruppen ein Pädagoge vom Hypie beschimpft wird und dies für andere Kinder nicht zu überhören war, kann es von Erfolg gekrönt sein, in Richtung des gefrusteten Kindes mit den Worten zu zeigen, ohne es dabei anzusehen: „Darüber reden wir später." So hat das schimpfende Kind, aber auch, und das ist noch wichtiger, die Klasse, das Zeichen bekommen, es geschieht etwas in Form irgendeiner Reaktion. Wenn ein Lehrer im genannten Zusammenhang auf die verbal verletzenden Attacken jedoch nicht reagiert, ist es möglich, dass dies von Mitschülern als Anlass genutzt wird, ihr gesamtes persönliches Repertoire der Schimpfwörter abzurufen.

Mir sind auch Situationen bekannt, in denen Personen, die um die AD(H)S-Problematik wussten, paradox intervenierten, und zwar mit enormem Erfolg.

Beispielsweise reagierte ein Ausbilder, der eine ausgezeichnete Beziehung zu seinem Schützling hatte, nachdem er von dem Hypie als „alter Wichser" bezeichnet worden war, mit den Worten: „Das ‚alt' nimmst du sofort zurück!". Kurzes Schweigen im Raum – und diese Situation entspannte sich schlagartig – Schmunzeln auf allen Seiten.

Eine Lehrerin, klein von Wuchs mit sehr schlanker Figur, erzählte von einem selbst erlebten Beispiel in ihrer neunten Klasse, bei dem auch sie so reagierte, wie es keiner erwartet hatte.

Ihre Schüler hatten eine Langzeitaufgabe in Form einer Wandzeitung zu erledigen. Am Tag der Abgabe konnte aber der Hypie, bedingt durch symptomtypische „Verschieberitis" und Vergessen kein Exemplar vorweisen. Von der Pädagogin darauf mehrfach angesprochen, meinte dieser irgendwann genervt: „Steck dir doch deine Wandzeitung in den Arsch." Da besagte Kollegin äußerst zierlich ausgefallen war, drehte sie sich zu ihm um, zeigte auf ihr knappes Hinterteil und erwiderte unerschrocken: „Kannst du mir mal zeigen, wie deine Wandzeitung da 'reinpassen soll?" Nach einer kurzen Pause wandte sie sich ihrer Klasse zu und meinte keck: „Und wenn ihr glaubt, ihr könnt das Gleiche tun, bedenkt bitte, dass die von eurem Mitschüler schon 'drinsteckt!" Auch bei dem geschilderten Beispiel eskalierte die heikle Situation nicht, was dem souveränen Reagieren der Lehrerin zuzuschreiben war, da sie reagierte, wie die Schüler es nicht erwartet hatten. Zugegeben ist eine solche Schlagfertigkeit sicher nicht jedem gegeben. Wer aber diese

Gabe besitzt, ist gut beraten, hin und wieder, jedoch nicht zu häufig, in dieser Art paradox zu intervenieren.

Wie würden Sie in dem obigen Beispiel reagieren?

Zum erfolgversprechenden Umgang mit Hypies gehört auch, dass es uns als Erwachsenen gelingt Kleinigkeiten zu ignorieren. Eltern wissen nur zu gut, dass ein Zusammenleben mit Hypies bereits am Morgen sehr herausfordernd sein kann. Das Kind kommt nicht aus dem Bett, wird im Bad ewig nicht fertig, die frisch angezogene Hose hat bereits einen Fleck, der morgendliche Kakao ergießt sich über den Tisch. Vielleicht ist das Kind sogar noch schulunlustig, woraus es keinen Hehl macht und von der Schwester fühlt es sich genervt. Auch hier ist möglichst Gelassenheit gefragt, denn wenn Sie sich über jede Kleinigkeit echauffieren, ist die Wahrscheinlichkeit groß, irgendwann mit einem Vogelkäfig Milch einkaufen zu gehen, mit anderen Worten, durchzudrehen.

Viele Eltern kennen die bewegten Situationen bei den gemeinsamen Mahlzeiten. Es vergeht kaum ein Essen, bei dem nichts vom Tisch fällt oder beispielsweise ein Glas umkippt. Wenn der Saft sich über den gesamten Tisch ergießt, hat es wenig Sinn, sich darüber aufzuregen, denn das Glas wird sich davon nicht wieder aufrichten. Sie sind also nicht verpflichtet sich zu ärgern. Besser wäre, dem Verursacher einen klaren Impuls in Richtung Küchenpapier zu geben, damit er das entstandene Chaos beseitigen kann.

Gelassenheit gilt natürlich auch für den schulischen Bereich. Das Kind kommt früh morgens, vergisst seine Jacke auszuziehen, hat nicht alle Materialien ausgepackt, ganz zu schweigen von einem funktionierenden Stift, dreht sich um auf seinem kippelnden Stuhl, ruft irgendetwas nicht zur Situation Gehörendes in die Klasse und so weiter und so weiter. Zum Wohle der eigenen Gesundheit bietet es sich an, nur Wesentliches einzufordern und über gewisse Dinge einfach hinwegzuschauen, denn bis zur Rente mit siebenundsechzig ist es ein langer Weg! Manchmal ist auch ein Ignorieren von Problemverhalten sehr vorteilhaft. Wenn ein Kind beispielsweise bei weniger guter Beziehung provozieren will und der Pädagoge geht darauf nicht ein, kann es sein, der Schüler verliert das Interesse am Stören. Lässt sich ein Verhalten nicht ignorieren, spricht vieles dafür, eindeutige Aussagen in Richtung des Störenfriedes zu senden. Eindeutig heißt: kurz, klar und deutlich. Das nun folgende Beispiel lässt einem Kind einen gewissen Spielraum im Handeln und wird deshalb weniger positiv enden:

Verursacht ein Kind zum Beispiel mit dem Stift ein nicht zu überhörendes Geräusch mit unermüdlicher Ausdauer und schaut Sie dabei herausfordernd an, hat es keinen Sinn zu sagen: „Würdest du bitte damit aufhören?" Darauf könnte nämlich die knallharte Antwort heißen: „Nein!", denn es wurde gefragt und keine eindeutige Erwartung geäußert.

Eindeutige Aussagen sollten ebenfalls auf Bewertungen zutreffen, das heißt, kein Gebrauch von Zweideutigkeiten, Ironie und Sarkasmus, da diese Dinge von Hypies nicht verstanden werden.

Wenn beispielsweise ein Hausaufsatz, der im allerletzten Augenblick zu Papier gebracht wurde aus Zeitknappheit dreihundert Wörter weniger aufweist als beim Durchschnitt der Klasse, sollte dies beim Austeilen verbal eindeutig formuliert werden, vielleicht mit: „Du hast dich in deinem Aufsatz zwar für die Kurzform entschieden, ich bin mir aber sicher, beim nächsten Mal schaffst du zweihundert Wörter mehr." Eine derartige Äußerung drückt eine positive Option aus und bringt höchstwahrscheinlich mehr als zwei „anerkennende" Worte mit süffisantem Lächeln: „Ganz toll!". Diese Ironie ist einem Hypie nur schwer erschließbar. Die Unfähigkeit, Zweideutigkeiten oder Redewendungen zu entschlüsseln, wurde mir sehr bewusst, als ich in einer therapeutischen Einrichtung mit einem eigentlich cleveren Gymnasiasten aus der sechsten Klasse arbeitete.

Ich wollte an diesem Tag einen Test mit ihm durchführen und empfing ihn mit den Worten: „Heute haben wir etwas sehr Interessantes vor, so etwas wie ein Experiment, was dir bestimmt gut gelingen wird. Ich bin mir sicher, das machst du mit links." Daraufhin schaute mich der Junge mit großen Augen an und meinte nach einer kurzen Pause: „Aber ich bin doch Rechtshänder!" ...

Zusammenfassend lässt sich sagen, eindeutige Aussagen ermöglichen eindeutige Reaktionen.

Wer mit Hypies privat oder beruflich zu tun hat, wird bestätigen können, dass ab und zu trotz allen Wissens um die Thematik dennoch eskalierende Situationen nicht ausbleiben. Sind die Emotionen ein- oder beidseitig stark energiegeladen, besteht die erste Priorität darin, die hohe Erregung zu mindern und gegebenenfalls danach erst zur Problemlösung zu schreiten. Aus der Aggressionsforschung ist bekannt, dass, je höher die Emotionen sind, die Selbststeuerfähigkeit eines Menschen umso geringer wird. Wenn es dramatischerweise zur absoluten Eskalation kommt, sind pädagogische Beeinflussungsversuche wirkungslos. Dann heißt es bei aggressivem handgreiflichem Handeln nur noch, die anderen Kinder und sich selbst in Sicherheit zu bringen, um noch Schlimmeres zu vermeiden. Das heißt für die Situation mit einem Hypie, wenn es zu Hause oder im Schulalltag, aus welchen Gründen auch immer, zum Eklat kommen sollte, ist es sinnvoll, das Kind sich erst beruhigen zu lassen und wenn nötig, auf Grund des anders funktionierenden Kurzzeitgedächtnisses erst stunden- oder tagesversetzt das Problem zu klären.

Eine pädagogische Methode in solch energiegeladenen Situationen wird als „Auszeit" bezeichnet, die, wie bei der Anwendung eines Punkteplanes geschildert, einige wesentliche Fakten voraussetzt.

Eine Bedingung sollte sein, dass dem Kind der Sinn und das Vorgehen bei einer Auszeit bekannt sind. Deshalb bietet sich an, in einer entspannten Situation, möglichst nach einem Erfolgserlebnis, mit dem Kind darüber unter vier Augen zu reden und es ihm zu erläutern. Nur bei Zustimmung des Hypies hat eine solche Vorgehensweise eventuell Erfolg.

Stellen Sie sich folgende Begebenheit vor, in der Sie und Ihr Kind beziehungsweise Schüler sich durch Worte allmählich stimmungsmäßig hochschaukeln. Ein Wort gibt das andere, die Klasse erteilt entsprechende Kommentare, sodass die Situation unter Umständen eskalieren könnte. Jetzt sind Sie als Erwachsener am Zuge. Sie geben Ihrem AD(H)S-Schüler ein nonverbales Zeichen, welches Sie in dem vorbereitenden Gespräch mit dem

Kind vereinbart haben. Ein Zeichen könnte eine Geste, ein Bild von seinem Idol, ein möglichst weicher Gegenstand, zum Beispiel Knautschball oder anderes sein. Ein weicher Gegenstand sollte es deshalb sein, da Sie nicht in jedem Falle sicher sein können, dass die Methode erfolgreich funktioniert. Wenn der Frust auf Kindesseite bereits zu groß ist, wäre es möglich, dass das besagte Zeichen durch die Luft fliegt. Nehmen wir an, unser Hypie deutet vereinbartes Zeichen, welches nur ihm persönlich bekannt ist, im positiven Sinne für sich, dann heißt das für ihn, er kann die Situation und damit das Klassenzimmer verlassen. Ich kann mir vorstellen, dass einige Pädagogen jetzt die Stirn runzeln und sofort berechtigterweise an ihre Fürsorge- und Aufsichtspflicht denken. Deshalb ist es so enorm wichtig, dem Kind das Vorgehen im Vorfeld zu erklären und nicht im eigenen Frust genervt zu brüllen: „Mach dich raus!". In dem zuletzt genannten Fall könnte es sein, der Schüler geht – und kommt an diesem Tag nicht in die Einrichtung zurück. Anders bei der Auszeit nach Absprache, da Sie im erklärenden Gespräch dem Hypie mitgeteilt haben, dass er nach Verlassen des Zimmers einmal um das Gebäude oder durch die Schule laufen soll, in der Hoffnung, dass nicht neun andere Kollegen im gleichen Augenblick diese Methode anwenden ...

Er soll sich so lange fern der Klasse aufhalten, bis er sich beruhigt hat und wieder „normal" ist. Das sollten Sie allerdings nicht so formulieren, da im Regelfall alle Hypies normal sind, auch wenn es gelegentlich anders scheint. Viele Erfahrungsberichte von Lehrern bestätigen, dass

Hypies nach zirka maximal zehn Minuten ihre hochtourigen Emotionen wieder heruntergeschraubt haben und in die Klasse zurück kommen. Dieser Augenblick stellt sich als außerordentlicher Knackpunkt dar und ist ausschlaggebend für das darauffolgende Geschehen.

Wenn Sie sich in der Situation in den Hypie hinein versetzen, können Sie vielleicht besser nachempfinden, wie sich das Kind in der Tür stehend höchstwahrscheinlich fühlt.

Zig Augenpaare sind erwartungsfroh auf ihn gerichtet. Wenn sich ein Pädagoge in dieser Situation zu Sätzen hinreißen lässt, wie: „Na, ist dein Ochse draußen angepflockt?" oder „Hast du deine Hörner abgelegt?" kann es sein, das Kind fühlt sich vorgeführt und rastet aus – von Null auf Tausend. Deshalb sollte zwingend gelten, dass das Kind nach Betreten des Klassenzimmers, wie vereinbart, sich an seinen Platz möglichst in der ersten Reihe setzt und Sie im Text fortfahren, als wäre nichts geschehen. Selbstverständlich wird es erforderlich sein, den Hypie in Kenntnis zu setzen, an welcher Aufgabe gerade gearbeitet wird und dies möglichst ohne viel Worte. Auch hier gilt die Devise: Mehr handeln statt reden.

Sollte die Methode der Auszeit von Erfolg gekrönt sein, ist erneut die sich anschließende Reaktion der Erwachsenen von eklatanter Bedeutung.

Wie bereits erwähnt, benötigen Hypies auf Grund ihrer beeinträchtigten Selbstwahrnehmung unbedingt eine entsprechende positive Rückmeldung Ihrerseits.

Diese kann, wenn der Hypie damit umgehen kann, vor der Klasse erfolgen oder aber eben in der Zweiersituation, wenn Sie an seinem Platz stehen oder er zur Pause an Ihnen vorbeigeht. Ein Feedback muss erfolgen, da ansonsten dem Kind nicht in jedem Falle hundertprozentig klar ist, ob es in gewünschter Weise gehandelt hat. Seine Unsicherheit diesbezüglich erleben Sie sicher in gewissen Situationen, in denen es fragt: „Habe ich das schön gemacht?", „War ich heute lieb?" und so weiter.

Zusammenfassung zu Gelassenheit

- Kleinigkeiten ignorieren, nur Wesentliches einfordern
- Eindeutige Aussagen ohne Ironie und Sarkasmus
- Mehr handeln statt reden
- „Auszeiten" nach Erklärungen nutzen
- Verbale Attacken nicht persönlich nehmen
- Nicht im eigenen Zorn reagieren
- Ignorieren von Problemverhalten, wenn möglich

Lob und Ressourcen

Mit dieser positiven Rückmeldung bin ich bei einer fünften Rubrik im Umgang mit AD(H)S-Betroffenen angelangt, nämlich der des Lobens und des Ressourcennutzens.

Jeder von uns weiß, welch große Bedeutung anerkennende Worte besitzen. Sie verleihen einem ein angenehmes, zufriedenes oder stolzes Gefühl. Erinnern Sie sich daran, was Sie empfanden, als Ihr Partner Ihnen eine kleine Aufmerksamkeit überreichte oder Sie des schmackhaften Essens wegen gelobt wurden oder in der Beziehung, auch nach vielen Ehejahren noch, jeder bemüht ist, dem anderen eine Freude zu bereiten. Bleibt nur zu hoffen, dass recht vielen Lesern dieses motivierende, angenehme Gefühl gut bekannt ist und noch lange anhält ...

Um Hypies deutlich zu vermitteln, welches Verhalten von ihnen erwartet wird, mit dem Ziel, dass sie dies irgendwann verinnerlichen, sind sie quasi angewiesen auf positive Rückmeldung.

Allerdings ist im allgemeinen Leben hin und wieder zu beobachten, dass die Betroffenen, wie schon bekannt, mit Kritik schlecht umgehen können, aber einige zugleich auch beim Umgang mit Lob Schwierigkeiten haben. Wenn einzelne Pappenheimer vor der Klasse gelobt werden, kann es sein, dass sich Klein-Hypie infolgedessen völlig überschätzt und auf Wolke sieben schwebend meint, der Halbgott zu sein. So ist auch hier wieder, wie schon so oft benannt, Fingerspitzengefühl gefragt. Bemerken Sie als Pädagoge oder Eltern beschriebenes Verhalten, sollten Sie zwar keinesfalls auf positive Rückmeldung verzichten, aber eine andere, unauffälligere Vorgehensweisen nutzen oder allein unter vier Augen mit dem Kind sprechen. Im Vier-Augen-Gespräch werden Sie vielleicht ebenfalls schon bemerkt haben, dass Hypies in solchen Situationen außerordentlich einsichtig, fast schon pflegeleicht erscheinen. Sobald sich aber eine andere Person dazu gesellt, kann sich dies blitzartig ändern, was syndromtypisch ist.

Im Umgang mit Lob sind viele Möglichkeiten gegeben, ob direkt mit Worten oder Gesten oder schriftlich auf Klassenarbeiten beziehungsweise als Mitteilung an die Eltern.

Was Bewertungen in schriftlichen Tests oder Verhaltensnoten betrifft existiert bei den Zensuren wenig Spielraum, außer von minus zu plus, abgesehen von einem möglichen Nachteilsausgleich, auf den ich später eingehen werde. Sollte es punktemäßig nur zu Note vier gereicht haben, dann ist es zwar Fakt, aber selbst hierbei gibt es Möglichkeiten, dem Kind motivierende Worte mitzuteilen, wenn es angebracht scheint. Was meine ich damit? Hypies wird oft nachgesagt, sie seien faul beziehungsweise stinkend faul oder sogar zu faul zum Stinken – eine Steigerung ist immer drin. Selbstverständlich wird es aber auch vorkommen, dass AD(H)S-Kinder genau wie andere Kinder vor einer Arbeit lernen und dies nicht wie die Eintagsfliegen auf den nächsten Tag verschieben. Eltern werden Lehrern oft bestätigen, dass das Kind am Nachmittag vorher alle Fakten wie aus der Pistole geschossen nennen konnte, es aber in der Arbeit, aus welchen Gründen auch immer, nur zur Note vier reichte. Es kann sogar noch schlimmer kommen, nämlich, dass das Kind am Tag der Klassenarbeit ebenfalls noch oder wieder alle wesentlichen Fakten parat hat. Wenn derartig geschilderte Situationen öfter auftreten, das heißt, trotz mühseligen Lernens nur die Note vier erreicht wird und unter dem Geschriebenen steht: „Du musst mehr üben!" oder „Bei mehr Fleiß könnte das Ergebnis besser sein!" oder „Enttäuschend", dann erlebt dies das Kind als ungerechte Behandlung, wobei das sogar zutrifft. Innere Emigration könnte die Folge sein.

Wenn ein Lehrer weiß, dass der Hypie gelernt hat, aber dennoch nur Note vier zu Buche steht, können schriftliche Formulierungen, die ohne Vorwurf eine positive Option beinhalten wie: „Beim nächsten Mal wird es sicher besser!", eh wirksamer sein – zumindest für den Selbstwert des Kindes. Wirkungsvoll im Sinne von motivierend erleben Schüler auch kurze Notizen oder Stempel oder, wie in der Praxis erlebt, aufmunternde Karten beziehungsweise Sprüche, natürlich immer dem Alter entsprechend.

Der Einsatz dieser positiven Verstärkung sollte allerdings auch über den Bereich der Grundschule hinaus angewendet werden, auch ältere Schüler sind für Lob jeglicher Art empfänglich. Mir sind Hausaufgabenhefte gezeigt worden, in denen nur rote „didaktisch wertvolle" negative Mitteilungen wie: „Kind spielt mit dem Radiergummi, dreht sich um, schnieft im Unterricht und so weiter" zu lesen waren. Welchen Nutzen soll ein Kind daraus ziehen?

Natürlich sollten Eltern über prinzipielle Probleme informiert werden, wobei sie jedoch nicht in jedem Falle das störende Verhalten nochmals ahnden können. Als Prinzip ist eine Zusammenarbeit zwischen Eltern und Lehrern sehr wichtig, wobei die Eltern ihre Verantwortung zu Hause und die Pädagogen die ihrige in der Schule wahrnehmen sollten.

Neben weniger angenehmen Dingen, die Eltern über ihre Sprösslinge aus der Schule erfahren, reagieren sie außerordentlich dankbar auf Mitteilungen positiver Art. Diesbezüglich möchte ich von einem Schlüsselerlebnis berichten, doch zuvor noch ein anderes Beispiel:

Ich unterrichtete in meiner Lehrertätigkeit in einem riesigen Neubaugebiet und mir waren selbstverständlich auffällige Kinder nicht fremd. Was negative Einträge anbelangte, erteilte ich während meiner pädagogischen Laufbahn nur einen einzigen, und den in meinem ersten Berufsjahr. Bei einem sehr verhaltensoriginellen Schüler, so berichteten mir auch meine Kollegen, waren unter anderem Lügen an der Tagesordnung. Als mir dies selbst im Umgang mit ihm bewusst wurde, wollte ich seine Eltern über das Lügen informieren. Ich schrieb in einer kurzen zehnminütigen Pause, in der ich mich als Sportlehrer noch umziehen musste, genervt und hastig in sein Hausaufgabenheft: „Sehr geehrte Frau ..., Ihr Sohn lügte mich heute an. ...". Nachdem ich einen zweiten Blick auf die mit grün geschriebenen Zeilen richtete, erstarrte ich kurz, musste aber schnellstens reagieren. Da „glücklicherweise" in dem Heft des Schülers weder Unterrichtsfächer, noch Hausaufgaben oder das Wochendatum eingetragen waren, es also jungfräulich weiß glänzte, abgesehen von einigen roten Einträgen auf vorderen Seiten, entfernte ich kurz entschlossen die von mir beschriebene Seite. Allerdings bedachte ich dabei nicht, dass es sich um ein Doppelblatt handelte, und bei dem Trennen der Seiten an der Heftung winzige Schnipsel verblieben, die es hieß zu entfernen, um von den Eltern nicht „ertappt" zu werden. Stress pur! In diesem Augenblick schwor ich mir, nie wieder eine solche Mitteilung einzuschreiben,

da telefonisch mit Sicherheit mehr hätte gesagt werden
können, auch was die Intervention anbetraf. An diesem
Vorhaben hielt ich bis zum Ende meiner Lehrerlaufbahn
vehement fest. Doch nun zu dem Schlüsselerlebnis, positive Rückmeldungen betreffend:
Ein Junge in meiner sechsten Klasse war durch seine
mehr als anstrengende Art vielen Kollegen ein Dorn im
Auge, wovon im Lehrerzimmer oft nicht nur hinter vorge-
haltener Hand berichtet wurde. Auch ich hatte gewisse
kleinere Kämpfe mit ihm zu bestreiten, aber es gab auch
Zeiten, in denen er zumindest unauffälliger erschien und
Bemühungen um angemessenes Verhalten zu spüren
waren. So überkam mich nach einer Schulwoche eines
freitags der spontane Gedanke, seiner Mutter dies telefonisch mitzuteilen. Ich wählte die Nummer, meldete mich
und wurde dabei jäh von einer aufgebrachten Stimme
unterbrochen. Die Mutter fragte ungestüm und gereizt:
„Was hat der Balg denn jetzt schon wieder gemacht?"
Davon betroffen erwiderte ich freundlich, dass ich ihren
Sohn eigentlich auf Grund seines in den letzten Tagen
gezeigten Verhaltens loben wollte, weil er ... Daraufhin
war eine Weile am anderen Ende der Telefonleitung
nichts zu hören und dann antwortete die Frau leise und
gerührt: „Dass mich aus diesem Grund ein Lehrer anruft,
habe ich ja noch nie erlebt." In diesem Augenblick lief es
mir kalt über den Rücken und ich konnte zum Teil auch
aus eigener Erfahrung so gut nachvollziehen, was diese
Frau bei meinen Worten empfand. Ich weiß jedoch auch,
wie schmerzend es für Eltern ist, mehr und mehr von
Verfehlungen ihres Kindes zu hören, ohne dass dabei

seine guten Seiten erwähnt werden.
Mit nur einem einzigen Telefonat war es möglich, Mutter
und Sohn, wenn auch nur für kurze Zeit zu ermuntern
und zu bestärken, ihnen Mut zuzusprechen mit dem Ziel,
die Hoffnung auf Verhaltensveränderungen nicht aufzu-
geben. Ich bin überzeugt, dass auch heute bei etlichen
Kindern mit anerkennenden Worten und Gesten mehr zu
erreichen wäre als durch permanente Kritik oder Sanktionen. In diesem Zusammenhang fällt mir ein Zitat eines
Kultusministers aus den Achtzigern des vorigen Jahr-
hunderts ein:

„Wenn es uns gelänge, lediglich Entmutigungen aus unseren Schulen zu verbannen, wäre dies die effizienteste
Schulreform und endlich jene, die diesen Namen wirklich
verdient".

Ich glaube, dass dies auch in der heutigen Zeit von einigen Pädagogen leider noch nicht umgesetzt wird. Dazu
ist mir ein trauriges Beispiel aus einer zweiten Klasse in
Erinnerung geblieben.
Ein Mädchen mit einer starken Lese-Rechtschreib-
Schwäche schrieb nach unzähligen Misserfolgen in
einem Diktat eine Note zwei. Sie war stolz, konnte ihr
„Glück" kaum fassen und schwebte förmlich auf Wolke
sieben nach Hause. Ihrer Mutter verkündete sie begeistert ihre gute Leistung und freute sich riesig, dass die
Lehrerin sogar noch etwas unter ihr Diktat geschrieben
hatte – was sie Gott sei Dank nicht lesen konnte! Neben dieser hervorragenden Note zwei stand in roten

Buchstaben mit Ausrufezeichen versehen: „Schlechte Schrift!" Wenn ich von solchen Dingen höre, fällt mir wirklich nichts mehr ein und ich glaube, derartig gestrickte Lehrer würden in einem anderen Beruf vielleicht weniger Schaden anrichten können.

Sorry wegen dieser deutlichen Worte, aber es muss einfach gesagt werden.

Noch ein Beispiel aus dem häuslichen Bereich:

In einer Familie, in der zwei Hypies leben und auch die Mutter betroffen ist, kreierte das vierzehnjährige Mädchen mit viel Aufwand einen oberleckeren Kuchen. Natürlich hinterließ das Backen Spuren in der Küche. Die Mutter, von der Arbeit ziemlich gestresst, nahm im ersten Augenblick aber leider nur das noch nicht beseitigte Küchenchaos zur Kenntnis, ohne Beachtung des kreierten Leckerbissens, was ihr hinterher sehr leid tat. Es ist verständlich, dass die Tochter, die mit Stolz ihr Werk präsentieren wollte, stinksauer über die Reaktion der Mutter war und es war zu erwarten, dass sie ausflippte. Enttäuschung auf beiden Seiten und es bedurfte längerer Überredungskünste, das Mädchen erneut zum Backen zu ermuntern.

Als Fazit gilt, dass es Erwachsenen gelingen sollte, auch Kleinigkeiten sowie Bemühungen der Hypies zu honorieren, und sich nicht nur am Endergebnis festzuhalten.

Im folgenden Beispiel bewertete die taffe Lehrerin die äußere Form der schriftlichen Übung nicht abwertend, wies aber dennoch durch ihre Frage darauf hin, um ihrem Schüler ein entsprechendes Signal zu geben. Das Kind hatte sich aber doch bei dem aufgetretenen Platzmangel auf der Heftseite einiges gedacht und eine, wie ich meine, sehr kreative Lösung diesbezüglich gefunden.

Für Hypies gilt außerdem, lobende Worte zu finden, sobald ein eigentlich häufig auftretendes Problemverhalten nicht gezeigt wurde. Wichtig dabei ist eine sofortige Rückmeldung, um angemessenes Verhalten zu bestärken.

An verschiedenen Stellen dieses Buches erwähnte ich den oft gering ausgeprägten Selbstwert von Hypies. So gilt es im Umgang mit ihnen, alles zu tun, um ihr durch häufige Misserfolge angekratztes Selbstwertempfinden zu stärken und ihre Motivation, auch zum Teil ungeliebte Dinge zu erledigen, zu steigern. Neben lobenden Äußerungen bietet sich ebenfalls an, dem Hypie eigene Stärken ihm selbst und anderen Kindern, ob Geschwistern oder Mitschülern, bewusst zu machen.

Oft werden Erfolge von AD(H)S-lern selbst als lapidar abgetan mit „Zufall", „war doch leicht" und anderem.

Viele Hypies besitzen zumindest auf einem Gebiet wirkliches Expertenwissen. Wenn es Pädagogen gelingt, dieses auf irgendeine Art, ob als Kurzvortrag oder Wandzeitung und im praktischen Erleben in den Unterricht einzubetten, haben sie bei den Betroffenen einen Stein im Brett und die Basis für eine vertrauensvolle Beziehung geschaffen. Da ich durch meine jetzige berufliche Tätigkeit sehr, sehr oft an Schulen in mehreren Regionen tätig bin, wird mir dies auch häufig von Lehrern, für die ihr Beruf Berufung ist, bestätigt. Ich bin immer wieder sehr angetan, weil ich feststelle, dass sich die Mehrzahl der Pädagogen auf diesem schülerbestärkenden Weg befindet. Allerdings weiß ich auch, dass ein einziger negativer, abwertender Satz eines nicht derart eingestellten Pädagogen die positiven Ansätze anderer Lehrer zunichte machen kann.

Zusammenfassung zu Lob und Ressourcen

- Kleinigkeiten loben
- Sofortiges Loben, wenn Problemverhalten nicht gezeigt wurde
- Bemühungen, nicht nur Ergebnisse, honorieren
- Stärken den anderen bewusst machen
- Ressourcen des Kindes nutzen, um Defizite zu minimieren

Während des Lesens vieler geschilderter Fakten über den adäquaten Umgang mit AD(H)S-Kindern werden bei Ihnen vielleicht Gedanken dahingehend aufgetaucht sein, dass diese Empfehlungen eigentlich auch auf andere Nicht-Betroffene zutreffen können. Dem stimme ich hundertprozentig zu, wobei allerdings die genannten Verhaltensweisen für eine positive Entwicklung von Hypies extrem wichtig sind, vergleichbar mit der Luft zum Atmen.

Auf Grund der AD(H)S-Symptomatik gibt es, wie beschrieben, häufig im Miteinander Dinge zu beachten, die auf den ersten Blick sehr umfangreich erscheinen. Vielleicht versuchen Sie sogar als gewissenhafte Eltern oder ehrgeizige Lehrer all diese Empfehlungen auswendig zu lernen, wovon ich Ihnen allerdings strikt abraten möchte. Ich glaube, günstiger könnte es sein, sich eine Zeit lang auf drei bis vier Empfehlungen bewusst zu konzentrieren und diese anzuwenden, bis Sie irgendwann fast automatisch reagieren, um sich danach drei bis vier weiteren bewusst zu widmen. Trotz allem werden wahrscheinlich schwierige Situationen auftreten, die Ihnen eventuell auch aus dem Ruder laufen, was normal ist. Nach derartigen unschönen Momenten lässt sich oft nachvollziehen, was eventuell hätte anders laufen können, nicht müssen, um nach getroffenen Schlussfolgerungen noch souveräner die Situation zu meistern. Mit diesen beiden Vorgehensweisen des sich Verdeutlichens kann sich der Umgang mit Hypies gelegentlich einfacher gestalten, ganz leicht wird es eher selten, auch diese Erkenntnis gehört zum Wissen über AD(H)S. Ich vergleiche das sich bewusst Machen einzelner Empfehlungen bis zur Automatisierung gerne mit dem Erlernen des Autofahrens.

Anfangs hochkonzentriert, wird manch einer bei dem praktischen Fahrtraining angenommen haben, es ist einfach viel zu viel – Gas, Kupplung, Bremse, Verkehrsschilder, Regeln, andere Fahrzeuge, Fahrradfahrer, Fußgänger, Fahrlehrer – nicht zu schaffen!

Nach dem Anlassen des Wagens im Leerlauf schaute sicher jeder ganz bewusst in den Rück- und Seitenspiegel, legte den ersten Gang ein, gefolgt vom zweiten und so weiter. Auch noch nach der Fahrprüfung konnten wir den zurückgelegten Weg zur Arbeit bewusst nachvollziehen. Geraume Zeit später aber, nach dem Automatisieren der Abläufe, kann es passieren, dass Sie fahren und staunen, plötzlich vor Ihrem Ziel zu stehen. Es geschieht fast von selbst, ohne dass Sie sich dessen bewusst sind.

Wenn Sie diesen Prozess auf die Umgangsempfehlungen mit Hypies übertragen, sind Sie in der richtigen Spur. Und dennoch werden Sie feststellen, dass es auch Tage geben wird, an denen Sie weniger souverän die Situationen meistern, weil vielleicht früh morgens das eigene Kind nicht aus dem Bett kam, Ihr Partner genervt hat, Sie im Stau standen, es regnete und auf Grund der Zeit alle Parkplätze bereits besetzt waren. Auch das ist normal, da wir Gott sei Dank keine Maschinen sind, sondern Menschen mit Emotionen, die unser Verhalten beeinflussen können.

Geschwister und Mitschüler

Ein weiterer Gedanke könnte beim Lesen auftreten, und zwar in Richtung Geschwisterkinder beziehungsweise Mitschüler gehend.

Wir leben ja mit Hypies nicht im luftleeren, besser gesagt im menschenleeren Raum. Oft geben die anderen Kinder Öl ins Feuer, denn ich habe bereits erwähnt, dass AD(H)S-ler in der eins zu eins Situation oft einfacher zu händeln sind als in der Gruppe. Mitschüler oder Geschwister erkennen oft schnell, wo bei Hypies der „rote Knopf" ist und ein Knopfdruck genügt, um eine „abwechslungsreiche, interessante" Situation zu erleben. Auch diesbezüglich haben sich einige Empfehlungen in der Praxis gut bewährt.

Was den Schulalltag anbelangt, erwies sich als günstig, die Klasse über gewisse Besonderheiten einiger Schüler aufzuklären, nicht aber unbedingt den Begriff AD(H)S zu verwenden. Sicher hängt dies auch vom Alter der Schützlinge ab. Für Kinder ist nicht zwingend wichtig zu wissen, ob ein Mitschüler von AD(H)S, Lese-Rechtschreib-Schwäche, Diskalkulie, Diabetes oder anderen Dingen betroffen ist.

Ist es gerecht, auf Grund der vielen Besonderheiten, jedem Kind die gleiche Aufgabe zu stellen?

Nun wollen wir mal überprüfen, wie gut ihr über diesen Baum fliegen könnt!

Entscheidend ist den Schülern zu vermitteln, dass jedes Kind über Stärken und Schwächen verfügt und Sie als Pädagoge entscheiden, welcher Umgang der beste für jeden Einzelnen ist. So kann es günstig sein, dass einer vorn sitzt, weil er dadurch weniger abgelenkt wird oder ein anderer das Tafelbild besser erkennen kann und wiederum ein anderer Schüler eine „Auszeit" erhält, um sich beruhigen zu können. Das heißt nicht, dass einige Kinder bevorzugt oder bevorteilt werden, sondern sie bekommen lediglich den ihrer Art angemessenen Umgang, um sich entsprechend entfalten beziehungsweise entwickeln zu können. Das empfinde ich als Form von Gerechtigkeit.

In der Praxis wird mir oft von Eltern und Pädagogen berichtet, dass im Alltag den schwierigen, kräftezehrenden Kindern logischerweise sehr viel Aufmerksamkeit entgegengebracht wird, die pflegeleichten hingegen gelegentlich im Abseits stehen, was diese ab und zu auch thematisieren. Wenn beispielsweise das Regelverhalten eines Hypies mit Punkteplänen verstärkt wird, könnten die „Normalos" fragen, wann sie für ihr angemessenes Verhalten belohnt werden.

Dessen sollten wir uns als Erwachsene bewusst sein und entsprechende Lösungen parat haben.

Von positiver Verstärkung sollten alle profitieren können.

Lernen

Ebenso wichtig für die Entwicklung der Hypies ist das Wissen um ihre Art des Lernens an sich. Ich bin überzeugt, dass prinzipiell jedes Kind lernen möchte, zumindest in einem gewissen Alter. Später verliert sich leider oft diese Motivation und ich denke, das folgende Zitat von Henning Köhler ist sicher nicht aus der Luft gegriffen:

„Es gibt keine lernfaulen Kinder. Allenfalls wird ihnen die Lernlust ausgetrieben, oder man versteht nicht, auf welche besondere Art sie lernen wollen und können."

Auf die Vorteile der Außensteuerung beziehungsweise auf einen für Hypies günstigen Sitzplatz in der Klasse bin ich bereits eingegangen. Der Ergänzung halber hier nur noch einige Fakten dazu, ohne den Anspruch auf hundertprozentige Vollständigkeit zu erheben.

Von großer Bedeutung, das Lernen betreffend, erweist

sich auch hier wieder eine Strukturierung des Lernstoffes von außen. So erscheinen geeignet Gliederung, Stichpunkte, Erinnerungshilfen, farbiges Kennzeichnen von Textstellen, Klebezettel, Vorgaben von Zeitabschnitten und Eintragungen von Klassenarbeiten ins Hausaufgabenheft. Bedingt durch die Aufmerksamkeits- und Reizfilterschwäche sowie den begrenzten Arbeitsspeicher sind für AD(H)S-Kinder vielfach regelmäßige Wiederholungen, ein sogenanntes Überlernen, möglichst in kleinen Portionen, unabdingbar. Regelmäßig bedeutet auch möglichst in den Ferien zu wiederholen, da somit ein schnelles Vergessen vermieden werden kann und auch der Übergang von Ferien zum schulischen Alltag kann so unter Umständen problemloser gelingen. Den Lernstoff betreffend gilt ebenfalls die Devise: weniger ist mehr. Lernen in kleinen Portionen ermöglicht häufig Erfolge, die, das versteht sich von selbst, bekräftigt werden sollten. Ähnliches bezieht sich auch auf die Anwendung verschiedener Methoden, da ein Zuviel an Übungsformen und –wegen Hypies verunsichert.

Fühlen sie sich unsicher oder vielleicht sogar überfordert, resignieren sie schnell, oft begleitet durch starkes Gähnen, Augenreiben oder eben die schon häufig erwähnten nervtötenden Wutanfälle.

Symptomatisch fällt AD(H)S-Betroffenen das Zuhören oft sehr schwer. So erweist sich der visuelle Einprägungsweg häufig als günstiger, auch, weil aus der Lernforschung generell bekannt ist, dass nur Gehörtes schneller vergessen wird. Abhängig vom Unterrichtsfach wird generell das Einbeziehen mehrerer Sinne für das

Behalten des Stoffes von Vorteil sein. Zum Erfassen von Inhalten kann sich auch lautes Lesen für Hypies als vorteilhaft erweisen und ein Einsetzen als Co-Lehrer, der den Stoff darbietet, hat sich ebenfalls bewährt. Wie anfänglich erwähnt, haben AD(H)S-Kinder, unter anderem bedingt durch motorische Unruhe, häufig fein- und grapho-motorische Schwierigkeiten. So stößt bei ihnen Schreiben oft auf Ablehnung. Ihr Schreibprozess an sich benötigt umfangreiche Kapazitäten im eh begrenzten Arbeitsspeicher, sodass ein Abspeichern der eigentlichen Lerninhalte eingeschränkt wird. Bei Lernwegen ohne zu schreiben sollte der Einsatz des nicht nur bei Hypies beliebten Computers bedacht werden. Die Vorteile sind vielfältig, da dieser über ein eingegrenztes Sichtfeld verfügt, sofortige Rückmeldung ermöglicht und mit der Bedienung der Tasten entfällt die Schwierigkeit der Auge-Hand-Koordination, die bei der Handschrift allerdings benötigt wird.

Bei den Fakten, die Motorik von AD(H)S-Betroffenen betreffend, sollte nicht unerwähnt bleiben, dass es bei auftretender körperlicher Unruhe günstig erscheint, dem Kind die Erfüllung gewisser Aufgaben im Stehen zu ermöglichen, wobei der Lehrer aber dabei die Fäden in der Hand behalten und den Zeitpunkt bestimmen sollte. Ist dies vom Unterrichtsablauf her schlecht möglich, kann die Unruhe auch durch Bewegung verringert werden, indem das Kind eventuell die Tafel abwischt oder aus einem anderen Zimmer etwas besorgt.

Auf das Lernen sowie auf viele AD(H)S-typische Merkmale bezogen, ist das Beherrschen bestimmter Umgangsformen immer wieder von eklatanter Bedeutung, um keinen Schiffbruch zu erleben, wie es die folgende Abbildung zeigt.

Irgendetwas ist schief gelaufen …

Irgendwas ist schief gelaufen!

Das Lernen insgesamt betrachtet, kann festgestellt werden, dass AD(H)S-ler in gewisser Weise, abhängig von der Situation und dem Setting, teilweise beeinträchtigt sind. Dies kann Anlass genug sein, um den Betroffenen

**Nachteils-
ausgleich**

einen so genannten Nachteilsausgleich zugute kommen zu lassen. Auf diesem Wege können Nachteile, die unter anderem durch anders geartete Aufmerksamkeit, Wahrnehmung, Reizfilterung und Impulssteuerung entstehen, kompensiert werden, ohne dabei fachliche Anforderungen geringer zu bemessen.

Das heißt nichts anderes, als auf die besondere Art zu lernen einzugehen. Von einem Stotterer wird ja auch bekannterweise kein flüssiges Lesen gefordert und erwartet. Formen eines solchen Ausgleiches können zum Beispiel verlängerte Arbeitszeiten bei Klassenarbeiten beziehungsweise verkürzte Aufgabenstellungen, eine mündliche statt einer schriftlichen Arbeitsform oder eine alleinige Testsituation sein. Vorstellbar wäre auch das Zulassen spezieller Arbeitsmittel wie zum Beispiel Computer, größere Schrift auf Arbeitsblättern beziehungsweise größere Abstände von Linien oder Kästchen in Schreib- beziehungsweise Rechenheften.

Unterrichtsorganisatorische Veränderungen wie zum Beispiel spezielle Pausenregelung oder eine individuelle Arbeitsplatzorganisation bieten sich ebenfalls an. Von Vorteil könnte sich auch eine größere Exaktheitstoleranz zum Beispiel in Geometrie, beim Schriftbild beziehungsweise in zeichnerischen Aufgaben darstellen, nur um einige Möglichkeiten zu benennen.

Als eine gewaltige Herausforderung im schulischen Bereich erweisen sich, wie bereits in Beispielen erwähnt, für AD(H)S-ler die Hausaufgaben, welche in differenzierter Form gegeben werden können. Bei der Erledigung dieser, möglichst am Tag der Aufgabeerteilung, im Hort oder zu Hause gilt es, auf bestimmte Umstände und Gegebenheiten zu achten.

Durch die hohe Ablenkbarkeit der Hypies versteht sich ein ruhiges, geordnetes Umfeld von selbst, das heißt, abgeräumte Tische, auf stumm gestellte Telefone und beschäftigte Geschwisterkinder beziehungsweise versorgte Haustiere. Hausaufgaben sollten möglichst immer zur gleichen Zeit und am gleichen Ort ausgeführt werden. Es ist günstig, in Abhängigkeit vom Alter des Kindes, wenn eine nervenstarke Bezugsperson in greifbarer Nähe verweilt oder in Abständen „vorbeischaut". Um unangenehme „Unfälle" zu vermeiden, bietet sich an, dem Kind vor dem Erledigen der gestellten Aufgabe etwas zu Trinken zu geben beziehungsweise das Glas, noch besser die verschlossene Trinkflasche, in sichere Reichweite zu stellen. In Bezug auf vorteilhafte Strukturierung ist das Festlegen des Abarbeitens unter Mitbestimmung des Kindes erfolgversprechend. Während der Aufgabenerfüllung sollten nötige Anweisungen, auch wenn es manchmal schwer fällt, ruhig, freundlich und eindeutig gegeben werden. Auf keinen Fall sollte man sich auf Diskussionen einlassen. Wer mit Hypies diskutiert, verliert beziehungsweise hat schon verloren, worauf bereits hingewiesen wurde.

Unter Umständen sind Aufforderungen wieder und wieder, vergleichbar mit einer gerissenen Schallplatte, zu wiederholen beziehungsweise ist nonverbal zu reagieren, genervtes Augenrollen ist dabei nicht gemeint ...

In Verbindung mit „Schallplatte" ist ein weiterer wichtiger Punkt zu erwähnen, nämlich eine eventuell leise Hintergrundmusik. So fällt es vielen Hypies leichter am Ball zu bleiben. Da sich Hypies nicht unbedingt sehr lange konzentrieren können, ist das Einlegen von Minipausen zwischen den einzelnen Arbeitseinheiten, die auch mit Kurzzeitwecker begrenzt werden können und in denen der Platz möglichst nicht verlassen wird, zu empfehlen. Entscheidend ist, dass diese Unterbrechungen nicht zu lange dauern, da AD(H)S-ler, wenn sie in einer Phase des Nichtstuns sind, Schwierigkeiten haben, sich erneut zu mobilisieren. All diese Fakten hören sich in der Ausführung sehr einfach an, ich weiß aber, wie enorm kräftezehrend ihre Umsetzung in der Praxis ist.

Zusammenfassung zu Lernen

- Außensteuerung und Struktur
- Mehrere Sinne einbeziehen, besonders den visuellen
- Überlernen
- Teilleistungsschwächen beachten
- Einsatz als Co-Lehrer
- Kleinschrittiges Arbeiten
- Möglichst gleiche Erklärungen
- Bewegung und Arbeiten im Stehen ermöglichen
- Erste Bankreihe als Sitzplatz favorisieren
- Nachteilsausgleich anwenden

Der Alltag mit AD(H)S-Menschen kann sich sehr angenehm, gar erheiternd, aber auch extrem herausfordernd
und überaus anstrengend gestalten. Ich möchte aus
eigenen Erfahrungen behaupten, dass ein Zusammenleben beziehungsweise –arbeiten mit AD(H)S-Kindern
nervenaufreibend und außerordentlich stressig sein
kann. Deshalb scheint es um so wichtiger, eine Balance zwischen eben dieser Anspannung und Entspannung
zu finden, um selbst nicht zu verschleißen beziehungsweise krank zu werden. Jeder Mensch benötigt für sich,
das ist nicht neu, Möglichkeiten Energie zu tanken. Eine
solche Tankstelle könnte für Eltern bedeuten, in einem
gewissen Zeitraum eine „Auszeit vom Kind" zu nehmen,
das heißt, zum Beispiel ein Wochenende ohne Kind, nur
als Paar, zu erleben. Großeltern und Freunde können
dem Kind für die kurze Zeit gute Begleiter sein, da sie
als Drittpersonen oft problemloser mit unseren Hypies
umgehen können, was in der Natur der Dinge liegt. Als
ich selbst noch kein AD(H)S-Kind mein Eigen nennen
konnte, hätte ich Eltern für ein kinderloses Wochenende
vielleicht sogar verurteilt. Aber auch ich musste begrei-
fen, dass das indianische Sprichwort:

„Beurteile einen Menschen nicht, bevor du nicht eine
Meile in seinen Mokassins gegangen bist."

hundertprozentig zutrifft, wobei ich mir vorstellen kann,
dass es für Außenstehende schwierig sein muss, dies
nachzuvollziehen.

In der Vergangenheit bin ich oft gefragt worden, wie ich es geschafft habe, trotz unseres sehr stark betroffenen AD(H)S-Sohnes, der an herausforderndem Verhalten nur wenig ausgelassen hat, nicht zu verzweifeln beziehungsweise ungebrochen optimistisch zu bleiben.

Darüber habe ich mir selbst öfter Gedanken gemacht und ich glaube, die Antwort gefunden zu haben. Voraussetzung dafür waren meine prinzipiell positive Einstellung zum Leben, Harmonie in der Familie und eine sich ergänzende Partnerschaft, in der nicht nur der Partner schafft, eine ausfüllende berufliche Tätigkeit sowie eigene Freiräume, um meinem Hobby nachgehen zu können. Außerdem bin ich überzeugt, dass im Umgang mit AD(H)S Geduld, Durchhaltevermögen, Vertrauen und Glaube an die Betroffenen ausgezeichnete Grundsätze darstellen. All diese Eigenschaften auch im sozialen Umfeld der Betroffenen als Geländer eingesetzt, wird es eine übergroße Mehrheit von AD(H)S-lern gelingen, ihren individuell erfolgreichen Weg zu gehen.

Unser persönliches Leben bestätigt dies, da unser erwachsener Sohn gegenwärtig mit beiden Beinen fest in seinem Leben steht. Er ist in einer Firma angestellt und nach der Probezeit übernommen worden. Seine Tätigkeit, der er in In- und Ausland begeistert und ehrgeizig nachgeht, füllt ihn aus und motiviert ihn sehr. Seit geraumer Zeit verliebt, lebt er mit seiner Freundin glücklich in einer gemeinsamen Wohnung, pflegt seine stabilen Freundschaften und hat seinen zum Teil sehr ungesunden Lebensstil enorm gewandelt. Das bedeutet, er raucht weniger und nicht mehr jedes Kraut, seine Bongs haben ausgedient, er versucht sich gesund zu ernähren und treibt gelegentlich Sport. Ein Verhalten, von dem wir zeitweise nur träumen konnten.

Damit möchte ich Sie, ob als Eltern oder Pädagogen ermutigen, wenn Sie vielleicht gerade eine schwierige, kraftzehrende Phase mit Ihrem Hypie durchleben. Das Samenkorn, welches Sie in Ihr Kind setzen, gut gepflegt und gegossen, wird mit großer Wahrscheinlichkeit nach langer Zeit aufgehen und als Pflanze auch gewaltige Stürme überstehen, dies beweist die Geschichte unzähliger Familien. Der Weg dahin kann jedoch mit Umwegen versehen und sehr stressig sein.

Eltern und Pädagogen lassen sich in Bezug auf AD(H)S-Kinder und -Jugendliche bildhaft mit einem Leuchtturm darstellen.

Ausblick

Wie er weisen sie den Weg zum Hafen, bieten Sicherheit, geben Orientierung, setzen Grenzen, signalisieren Gefahren, geben klare Signale, lassen aber die Schiffe selbst segeln.

Ich hoffe, mir ist es auf diesen 181 Seiten gelungen, Ihnen die Andersartigkeit AD(H)S von der Verursachung über die Symptomatik bis zu praxistauglichen Empfehlungen anschaulich näher zu bringen. Bleibt mir zum Schluss nur noch der Hoffnung Ausdruck zu verleihen, dass es im Sinne der Hypies sehr, sehr viele gut gewartete, funktionstüchtige, wegweisende Leuchttürme geben möge ...

Es ist nicht entscheidend, woher der Wind weht, sondern wie wir die Segel setzen!

Quelle: John IV. Burto, B. P. Porter:
American Journal of Psychology, 1954.

„Der verborgene Mann" versteckte sich hinter der Abbildung auf Seite 13 und eigentlich nicht Kleckse, Erdteile,
Finger, Igel, Beckenknochen und ... – nur dann, wenn
die Wahrnehmung durch seine eigene Vorstellung etwas
beeinflusst wird …

Häufig gehörte Äußerungen

🛑 **AD(H)S-Betroffene können sich gar nicht konzentrieren.**

✅ AD(H)S-Betroffene können sich auf all das konzentrieren, was für sie interessant ist und das ziemlich ausdauernd.

🛑 **AD(H)S-Betroffene sind immer hyperaktiv.**

✅ Es gibt ebenfalls ADS ohne Hyperaktivität, oft sind Mädchen, die sogenannten „Träumerliesen", davon betroffen.

🛑 **AD(H)S ist ein Erziehungsfehler.**

✅ Es ist vorrangig genetisch bedingt eine Stoffwechselstörung im Gehirn, deren Verlauf durch verschiedene äußere Faktoren beeinflusst werden kann.

🛑 **Ohne Zuckerkonsum verschwindet AD(H)S.**

✅ Ohne Zucker kann sich bei einigen Kindern die Unruhe verringern, aber AD(H)S generell bleibt.

🛑 **AD(H)S verwächst sich.**

✅ Einmal AD(H)S – immer AD(H)S, nur die Erscheinungsformen in den einzelnen Lebensabschnitten verändern sich.

🛑 **Früher gab es kein AD(H)S.**

✅ AD(H)S gab es schon immer, bereits im „Struwwelpeter" wurde von dem Psychiater Hoffmann davon berichtet.

🛑 **AD(H)S ist eine Modediagnose.**

✅ Die heutige reizintensive Zeit kann die Symptomatik verstärken, wobei nicht jeder, der aufmerksamkeitsschwach, unruhig und impulsiv ist, AD(H)S haben muss.

🛑 **Betroffene gehören auf Sonderschulen.**

✅ AD(H)S-ler sind in der Regel „normal" beschulbar und zu integrieren.

🛑 **AD(H)S wird immer mit Medikamenten behandelt.**

✅ Nur bei einem Teil der Betroffenen sind Medikamente indiziert, was in der Entscheidung des Mediziners und der Eltern liegt.

🛑 **Die Medikamente stellen die Kinder ruhig.**

✅ Die meist eingesetzten Medikamente sind Stimulantien, das heißt Aufputschmittel, die den Hirnstoffwechsel stimulieren.

🚫 **Durch die Medikamente werden Betroffene abhängig.**

✅ Betroffene werden davon nicht abhängig, sie zeigen auch nach dem dem Absetzen keine Entzugserscheinungen.

🚫 **AD(H)S ist heilbar.**

✅ AD(H)S hat einen chronischen Verlauf, das heißt, es ist nicht heilbar. Betroffene können nur lernen, damit umzugehen.

🚫 **Betroffene benötigen eine Therapie.**

✅ Für viele Betroffene wird eine Therapie günstig sein, wobei auch Eltern und Pädagogen über die Thematik aufgeklärt werden sollten, um adäquat intervenieren zu können.

Glossar

ADS	Aufmerksamkeits-Defizit-Syndrom oder -störung
AD(H)S	Aufmerksamkeits-Defizit-Hyperaktivitäts-Syndrom oder- störung
DSM-V	Diagnostic and Statistical Manual of Mental Disorders (Amerikanisches Diagnostisches und Statistisches Handbuch Psychischer Störungen)
Dyskalkulie	Rechenschwäche
EEG	Elektroenzephalogramm
HKS	Hyperaktivitäts-Syndrom oder -störung
Hypie	liebevolle Bezeichnung für AD(H)S-Betroffene
ICD-10	International Statistical Classification of Diseases and Related Health Problems (Internationale statistische Klassifikation der Krankheiten und verwandter Gesundheitsprobleme)
LRS	Lese-Rechtschreib-Schwäche (Legasthenie)

Literatur und Quellenverzeichnis

Aust-Claus, E./ Hammer P.-M.: Das ADS-Buch, 2005.

Dietz, F.: Wenn ich doch nur aufmerksam sein könnte!, 2009.

Döpfner, M./ Fröhlich, J./ Lehmkuhl, G.: Hyperkinetische Störungen, 2001.

Fitzner, T./ Stark, W.: ADS: verstehen – akzeptieren – helfen, 2000.

John IV. Burto, B. P. Porter: American Journal of Psychology, 1954.

Neuhaus. C.: Das hyperaktive Kind und seine Probleme, 2002.

Neuhaus. C.: Hyperaktive Jugendliche und ihre Probleme, 2000.

Neuhaus, C.: Das hyperaktive Baby und Kleinkind, 2003.

Vorstand der Bundesärztekammer: Stellungnahme zur ADHS, 2005.

Wiedemann, R.: Chaos oder Chance, 2009.